契約類型別

1日15分で習得

15 min.

英単語 1100

本郷貴裕［著］

中央経済社

はじめに
～本書の特徴と使用方法～

本書の特徴～効率よく，記憶に残しやすく，そして使える知識として英単語を身につけられる～

　本書は，契約英単語に特化した英単語帳です。企業で業務として英文契約書に触れる機会のあるすべての方々に向けて作られたものです。本書の主な特徴は以下のとおりです。

１．英単語を契約類型別に掲載
　これにより，自分の業務でよく触れる機会がある契約に頻出する英単語に絞って取り組むことができるので，必要な分だけ効率よく契約英単語を身につけることができます。

２．同義語・類義語・反義語の英単語を近くに配置
　関係が強い単語をバラバラに覚えようとするよりも，記憶に定着しやすいはずです。

３．単語の単純な意味を知っているだけでは業務を行う上で十分とはいえない50を超える単語を，重要事項として詳しく解説
　162頁以降に，例えば，liquidated damagesは「予定された損害賠償金額」ですが，これは具体的にどのようなものなのか？　という点について，業務を行う上で最低限押さえておくべき事項を記載しています。

使用方法～まずは英単語のみ，例文は最後に取り組む！～

　英単語を覚えるという単純な勉強でも，人によってその取り組み方には差がありますので，その人にあった方法で進めていただければと思いますが，ここでは，筆者が推奨する英単語の勉強方法を紹介します。

1．「英単語を見て，すぐにその日本語の意味を見る」という作業を１つの単語当たり１〜２秒で終える速さで次々とこなしていく。この段階では，例文を読む必要はない。これを，１日に最低100個ほど，回数はその100個について，「一応意味がわかった」といえるくらい繰り返す（例えば，１単語１〜２秒で100個すると，100秒かかるので，これを10回繰り返すのにかかる時間は15〜30分ほど）。

2．自分がマスターしたい契約英単語のすべてについて上記１を行い，「一応意味がわかった」というレベルになったら，１つひとつの英単語の例文や重要事項などを含めた解説部分を読んで理解する。

上記の勉強方法のポイントは，①高速で英単語をまとめて覚えていくということ，そして，②例文を読むのは最後でよい，ということです。英単語は，結局は暗記です。暗記は，回数多く繰り返すことが王道です。よって，あまり深く考えず，とにかく回数を繰り返すことをお勧めします。次に，例文中には，みなさんがまだよく知らない他の契約英単語が含まれていることがしばしばあります。すると，例文を読むのが苦痛に感じる人も多いと思います。そのため，最初から例文を読もうとすると，途中で挫折する可能性が高いです。例文は，本書の英単語にだいぶ馴染んできたと感じられた後で見るようにすることでも遅くありません。

逆に，筆者があまりお勧めしない勉強方法は以下のようなものです。

1．１つひとつの英単語をじっくりと見て，さらにはノートに何回か書いていく方法。

2．１日に10個くらいしか覚えていかない方法。

書いて覚えるという人もいるかもしれません。しかし，ノートに書いていくのは時間がかかります。書かずにひたすら英単語→日本語の意味を確認するという筆者が勧める方法のほうが，脳に叩き込む回数が圧倒的に多くなります。結果的に，短時間で覚えられるようになるのは，ノートに書かずに何度も見て確認する方法だと筆者は考えます。

また，１日に 10 個程度しか覚えようとしないのは，少なすぎます。少なくとも，１日 100 個くらいは目指してみてください。筆者の推奨する方法であれ

ば，100個でも，わずか15〜30分で10回まわせます。初見の英単語でも，1日に10回も見れば，だいぶ顔見知り状態になります。それを毎日上塗りしていくことで，例えば1カ月後には，大量の英単語が頭に入っている状態になるはずです。

　英文契約書の英単語は難しいというイメージがあるかもしれません。しかし，範囲が「契約書に関係するもの」ということで，極めて限られているといえます。逆に，一般的な会話を自由にできるようになるために必要な英単語の数は膨大です。さほど専門的な話をするわけではなくても，幅広い話題に関係する英単語をカバーしなければならないからです。

　本書に掲載されている英単語について，見た瞬間に意味がわかる，という段階になれば，英文契約書を読み進めることはだいぶ楽になります。応援しています。頑張ってください！

2023年11月

本郷塾代表　本郷貴裕

本書の例文に関する留意事項

１．本書の例文は，単語の使われ方を理解していただくことを第一に考えて作成したものであり，なるべく短く読みやすいものになるようにしております。そのため，契約当事者のリスクへの対処として最もふさわしいものであるわけではありません。

２．一般的な英文契約書において意味が定義されることが多いと思われる単語については，例文中で文頭に置かれているわけでなくても，最初の文字を大文字で表記しております。

目　次

どの種類の契約書を読む人も，まずは第１章と第２章の英単語を覚えましょう。
販売店契約を読む人は，第４章　売買契約・業務委託契約の英単語も覚えましょう。
共同研究開発契約を読む人は，第３章　秘密保持契約の英単語も覚えましょう。
ライセンス契約を読む人は，第３章　秘密保持契約の英単語も覚えましょう。
株式譲渡契約を読む人は，第４章　売買契約・業務委託契約の英単語も覚えましょう。

| 第1章 | 絶対に押さえておきたい英単語 | 001▶119 |

| 001 | **party** (pá:rti) | 〈名〉当事者 |

□□□ ▶本契約の当事者＝契約当事者（契約を締結した当事者）は次のように書きます。

a party to this Agreement＝a party hereto

「本契約の当事者」という日本語に引っ張られて，a party of this Agreementと書かないように注意してください。

そして，契約書では，a party heretoを「Party」と定義するのが通常です。→重要事項(1)へ

| 002 | **each party** | 各当事者 |

□□□ Each party hereto represents and warrants to the other party hereto as follows:

各当事者は，相手方当事者に対して，以下のように，表明および保証をする。

| 003 | **both parties** | 両当事者 |

□□□ ▶単にthe Partiesと記載した場合も，通常は「両当事者」を意味します。

This Contract shall not become effective until executed by both Parties.

本契約は，両当事者によって締結されるまで効力を生じない。

| 004 | **either party** | いずれかの当事者 |

□□□ Either Party may terminate this Contract.

いずれの当事者も，本契約を解除することができる。

| 005 | **third party** | 第三者 |

□□□ ▶第三者とは，契約当事者以外の者を指します。売買契約でいえば，売主Aと買主B以外の者，例えば，売主Aに材料や部品を供給する者はAB間の売買契約の第三者です。

third party's intellectual property right　第三者の知的財産権

006	**breaching party**	違反当事者

☐☐☐ The Breaching Party shall provide the Non-Breaching Party notice of the event of breach within three (3) Business Days after the occurrence of such event of breach.
違反当事者は，被違反当事者に対して，かかる違反の発生の後3営業日以内にその違反を通知しなければならない。

007	**non-breaching party**	被違反当事者

☐☐☐ termination by the Non-Breaching Party
被違反当事者による契約解除

008	**offending party**	違反当事者

☐☐☐ ▶Breaching Partyの代わりにこの表現が用いられることもあります。
"Offending Party" means a Party that is in default of these terms and conditions.
違反当事者とは，これらの条件に違反した当事者を意味する。

009	**offended party**	被違反当事者

☐☐☐ Non-breaching Partyの代わりにこの表現が用いられることもあります。
rights of the Offended Party
被違反当事者の権利

010	**contract** (kάːntrækt)	〈名〉契約

☐☐☐ ▶契約とは，「①複数の者の間で交わされる約束」で，「②その約束に法的拘束力があるもの」と理解しておけば実務を行う上では十分です。→重要事項(2)へ
This Contract was made and entered into between A and B on June 30, 2023.
本契約は，2023年6月30日にAとBの間で締結された。

011	**agreement** (əgríːmənt)	〈名〉契約，合意

☐☐☐ ▶実務上，「契約」を意味するagreementとcontractの間に使い分けはないと考えて問題ありません。

012	**disagree** (dìsəgríː)	〈自〉同意しない，意見が合わない

☐☐☐ If the Parties disagree as to whether there has been a material breach,
もしも契約当事者間で，重大な違反があったか否かに関して合意しない場合には，

013	**disagreement** (dìsəgríːmənt)	〈名〉不同意，（意見の）不一致

☐☐☐ a <u>disagreement</u> between the parties hereto
本契約の当事者間の<u>不同意</u>

014	**bind** (báind)	〈他〉を拘束する

☐☐☐ This MOU does not <u>bind</u> both Parties.
この覚書は，いずれの当事者も<u>拘束し</u>ない。

015	**binding** (báindiŋ)	〈形〉法的拘束力がある

☐☐☐ ▶法的拘束力とは，「契約に違反した当事者に対して，最終的には裁判所が強制的に責任をとらせる力」のことです。→重要事項(3)へ
a <u>binding</u> MOU　法的拘束力のある覚書

016	**non-binding**	法的拘束力がない

☐☐☐ <u>non-binding</u> MOU　法的拘束力のない覚書
<u>non-binding</u> estimates　法的拘束力のない見積り
<u>non-binding</u> forecast　法的拘束力のない予測
<u>non-binding</u> letter of intent　法的拘束力のないLOI

017	**MOU**	（合意事項の）覚書

☐☐☐ ▶memorandum of understandingを省略したものです。ときどき，「MOUは契約ではなく，法的拘束力は生じない」と理解している人がいますが，それは誤りです。タイトルがMOUという文書であるからといって，それに法的拘束力がないとは限りません。MOUも原則として契約であり，下の例文にあるように，「このMOUは法的拘束力がない」と明示されていない限り，MOUにも法的拘束力が生じると考えておきましょう。
This MOU does not bind both Parties.

018	**execute** (éksəkjùːt)	〈他〉（契約）を締結する

☐☐☐ the Agreement <u>executed</u> between Company A and Company B
企業Aと企業B間で<u>締結された</u>契約書

019	**make** (méik)	〈他〉（契約）を締結する

☐☐☐ right to <u>make</u> agreement　契約<u>を締結する</u>権利
▶020の例文にあるように，enter intoとともに契約書の頭書き（契約当事者と締結日が記載される部分）の中で使われることが多いです。

020	**enter into** (éntər)	〈他〉(契約) を締結する
□□□	the Agreement made and <u>entered into</u> between Company A and Company B as of August 19, 2023 2023年8月19日にА社とB社間で**締結された**契約書	

021	**conclude** (kənklúːd)	〈他〉(契約) を締結する
□□□	authority to enter into or to <u>conclude</u> any contract 契約**を締結する**権限	

022	**sign** (sáin)	〈他〉に署名をする
□□□	capacity to sign the Contract　契約書**に署名をする**能力	

023	**signature** (sígnətʃər)	〈名〉署名, サイン
□□□	This Agreement is effective on the <u>signature</u> date of the latter of the Parties. 本契約は, 当事者の最後の**署名**がなされた日に発効する。	

024	**as of**	…時点で
□□□	▶次のように契約書の締結日を定める際に使われることが多いです。 This Agreement was made and entered into between Company A and Company B <u>as of</u> August 19, 2023. 本契約は2023年8月19日に А社とB社間で締結された。	

025	**as at**	…時点で
□□□	the total value of any work executed <u>as at</u> the date of the termination of this Contract 本契約の解除の**時点で**行われた仕事の価値の総額	

026	**obligation** (ɑ̀ːbligéiʃən)	〈名〉義務
□□□	▶契約書に最も多く記載されている事項は, この「義務」です。→重要事項(4)へ The Seller shall perform its <u>obligations</u> under this Contract. 売主は, 本契約に基づき, その**義務**を履行しなければならない。	

027	**duty** (d(j)úːti)	〈名〉義務, 関税, 税
□□□	▶英文契約では, 「義務」の意味では, obligationのほうが使われる頻度が高く, むしろdutyは「関税」の意味で使われることが多いです。 <u>duty</u> to correct a defect　不適合を修理する**義務**	

028	**right** (ráit)	〈名〉権利

☐☐☐ The Contractor has the <u>right</u> to terminate this Contract.
請負者は，本契約を解除する**権利**を持つ。

029	**entitlement** (intáitlmənt)	〈名〉権利

☐☐☐ <u>entitlement</u> to disclose the Confidential Information without the Disclosing Party's prior written approval
開示当事者の事前の書面の同意を得ずに秘密情報を開示する**権利**

030	**shall** (ʃǽl)	〈助〉…する義務がある，〜しなければならない

☐☐☐ 契約当事者の義務を表すために最も頻繁に使われる単語です。
The Purchaser <u>shall</u> pay the Contract Price to the Seller.
買主は，売主に契約金額を支払う**義務**がある。

031	**be required to do**	…することを求められている

☐☐☐ ▶〜することを求められている＝〜する義務がある。
The Purchaser <u>is required to</u> pay the Contract Price to the Seller.
買主は，売主に契約金額を支払う**義務がある**。

032	**be obliged to do**	…することを義務づけられている

☐☐☐ ▶〜することを義務づけられている＝〜する義務がある。
The Purchaser <u>is obliged to</u> pay the Contract Price to the Seller.
買主は，売主に契約金額を支払う**義務がある**。

033	**be not required to do**	を求められていない（債務不存在）

☐☐☐ The Seller <u>is not required to</u> repair the defect specified in Article 5.3 hereof.
売主は，本契約の第5条第3項に定められている不適合を修理することを求められてはいない（修理する責任はない）。

034	**be not obliged to do**	を義務づけられていない（債務不存在）

☐☐☐ The Disclosing Party <u>is not obliged to</u> disclose the Confidential Information to the Receiving Party.
開示当事者は，受領当事者に対して，秘密情報を開示する義務はない。

035	**agree to do/agree that SV**	…することに合意する

□□□ ▶これもNo.30〜 No.32と同様に「義務」を表すことが多いです。

The Parties <u>agree to</u> comply with all applicable laws.
両契約当事者は，適用されるすべての法律に従うことに合意する。
The parties to this Agreement <u>agree that</u> SV
本契約の当事者は，〜について合意する。

036	**shall not**	…を禁止する，…してはならない

□□□ The Receiving Party <u>shall not</u> disclose the Confidential Information to any third party.
受領当事者は，第三者に秘密情報を開示<u>してはならない。</u>

037	**be not allowed to do**	…することは許されない，…してはならない

□□□ ▶英文契約で禁止を表す際にこの表現が用いられることは滅多にありません。通常はshall notが用いられます。

038	**may** (méi)	〈助〉…する権利がある，…することができる

□□□ The Seller <u>may</u> suspend progress of the work.
売主は，仕事の進行を中断<u>することができる</u>。
▶以下のように何かが起こりうるという「可能性」の意味としてmayが使われることがあります。
any damage that the Purchaser <u>may</u> suffer　買主が被り<u>うる</u>損害
▶権利を意味する表現として，通常，canは用いられません。英文契約でcanが使われるのは，以下の例文のように物理的または精神的に可能か否かを表す場合です。
If the Seller <u>cannot</u> repair the defect in the Product at the Purchaser's factory, ・・・
もしも売主が製品の不適合を買主の工場で修理することが<u>できない</u>場合には〜

039	**be entitled to** 動詞または名詞	…する権利がある，…することができる

□□□ The Seller <u>is entitled to</u> terminate this Contract.
売主は，本契約を解除<u>することができる</u>。
The Seller <u>is entitled to</u> payment of the Contract Price pursuant to Article 6.2 hereof.
売主は，本契約の第6条第2項に従って，契約金額の支払を受ける<u>ことができる</u>。

040	**have a right to do**	…する権利がある，…することができる

☐☐☐ The Purchaser **has a right to** attend the test conducted by the Contractor.
買主は，請負者によって行われる試験に立ち会う**権利がある**。

041	**be allowed to do**	…することが許される，…することができる

☐☐☐ ▶積極的な権利というよりは，「禁止されてはいない」というニュアンスで使われることが多いものの，意味としては，「してもよい」＝「できる」ということになり，mayやbe entitled toと同じです。

042	**perform** (pərfɔ́:rm)	〈他〉（義務）を履行する，を遂行する

☐☐☐ The Seller shall **perform** its obligations set forth in this Agreement.
売主は，本契約に定められている義務**を履行し**なければならない。

043	**performance** (pərfɔ́:rməns)	〈名〉履行，遂行，性能

☐☐☐ **performance** of the Seller's obligations under this Agreement
本契約に基づく売主の義務の**履行**

044	**function** (fʌ́ŋkʃən)	〈名〉機能

☐☐☐ ▶何をすることができるのかを表すのが「機能」。その機能を数値で表したものが「性能」。例えば，発電機は発電をするという「機能」を持ち，その効率は「性能」となります。
function of the Product　製品の**機能**

045	**execute** (éksəkjù:t)	〈他〉（義務）を履行する

☐☐☐ The Contractor may refuse to **execute** instructions by the Purchaser if they are contrary to any applicable law.
請負者は，買主による指示が，適用される法律に違反する場合には，それらを**履行する**のを拒絶することができる。

046	**execution** (èksəkjú:ʃən)	〈名〉履行，（契約の）締結

☐☐☐ ▶「履行」か「締結」かは文脈で判断する必要があります。
execution of the obligations　義務の**履行**
execution of the Agreement　契約の**締結**

047	**conduct** (kəndʌ́kt)	〈他〉（義務）を履行する，を実施する

□□□ The Seller shall <u>conduct</u> the inspections of the Product in accordance with the Specifications.
売主は，仕様書に従って製品の試験<u>を実施し</u>なければならない。

048	**carry out** (kǽri)	〈他〉（義務）を履行する，を実施する

□□□ The Contractor shall <u>carry out</u> the design, construction, completion, commissioning and testing of the Works.
請負者は，仕事の設計，建設，完成，コミッショニング，および試験<u>を実施し</u>なければならない。

049	**implement** (ímpləmènt)	〈他〉（義務）を履行する，を実施する

□□□ The Contractor shall <u>implement</u> the manufacture of the Product.
請負者は，製品の製造<u>を実施し</u>なければならない。

050	**fail to do** (féil)	（義務）を履行しない，果たさない

□□□ If the Purchaser <u>fails to pay</u> the Contract Price to the Seller in accordance with Article 6.3 hereof,
もしも買主が本契約の第6条第3項に従って売主に契約金額<u>を支払わない</u>場合には，

051	**failure** (féiljər)	〈名〉（義務を）履行しないこと，果たさないこと

□□□ In the event of the Supplier's <u>failure</u> to perform its obligations pursuant to the terms of this Section 7,
第7条の条件に従って，売主がその義務を履行<u>しない</u>場合には

052	**default** (difɔ́ːlt)	〈名〉債務不履行，違反

□□□ an event of <u>default</u> by the Supplier　供給者による<u>契約違反</u>

053	**breach** (bríːtʃ)	〈他〉に違反する　〈名〉違反

□□□ If either Party <u>breaches</u> any the following provisions,
もしもいずれかの当事者が以下の条文のどれかに<u>違反した</u>場合には，
material/fundamental <u>breach</u>
重大な<u>違反</u>

| 054 | **violate** （váiəlèit） | 〈他〉…に違反する |

□□□ ▶厳密な区別はありませんが，比較的，breachは契約違反の場合，violate は法律や規則の違反の場合に使われる傾向があります。
If the Seller **violates** any applicable laws,
売主が適用される法律に**違反する**場合には

| 055 | **violation** （vàiəléiʃən） | 〈名〉違反 |

□□□ the **violation** of the applicable laws　適用される法律の**違反**
a **violation** of the regulation　規則の**違反**

| 056 | **satisfy** （sǽtəsfài） | 〈他〉…を満たす，果たす |

□□□ If the Product does not **satisfy** the requirements set forth in the Specifications,
もしも製品が仕様書に定められている要求を**満たさ**ない場合には，

| 057 | **satisfaction** （sætəsfǽkʃən） | 〈名〉満たすこと，満足 |

□□□ within 10 days after the **satisfaction** of the technical requirement set forth in Clause 2.3 hereof
本契約の第2条第3項に定められている技術要求を**満たした**後10日以内に

| 058 | **meet** （míːt） | 〈他〉…を満たす，果たす |

□□□ If the Distributor fails to **meet** the minimum purchase requirement set forth in Article 5 hereof,
もしも販売店が，本契約の第5条に定められている最低購入要求を**満た**さない場合には

| 059 | **fulfill** （fulfíl） | 〈他〉…を満たす，果たす |

□□□ effect of failure to **fulfill** conditions
条件を**満たさ**ない場合の効果

| 060 | **fulfillment** （fulfílmənt） | 〈名〉満たすこと，満足 |

□□□ In the event of the **fulfillment** of the conditions,
その条件が**満た**された場合，

| 061 | **achieve** （ətʃíːv） | 〈他〉…を満たす，果たす |

□□□ If the Contractor fails to **achieve** any Milestone,
もしも請負者がマイルストーンを**果たさ**ない場合には，

062	**attain** (ətéin)	〈他〉…を満たす，果たす

□□□　If the Supplier fails to **attain** any service level specified in Section 4.5,
もしも供給者が第 4 条第 5 項に定められているサービス水準**を満たさ**ない場合には，

063	**follow** (fɑ́:lou)	〈他〉に従う，を守る

□□□　right not to **follow** the Purchaser's instruction
買主の指示**に従わ**ない権利

064	**conform to** (kənfɔ́:rm)	に合致する

□□□　The Seller hereby warrants that the Product **conforms to** the Specifications.
売主は，本条により製品が仕様書**に合致する**ことを保証する。

065	**here** ＋前置詞	本契約，または本条文を指す

□□□▶「here-＋前置詞」の前置詞部分を変えることで以下のような単語もよく使われます。発音の強勢がhere-の後にある点に気をつけましょう。
herein（発音：hìərín）　ここに，この契約に
the requirements provided **herein**　本契約に定められている要求事項
hereto（hirtú）
a certificate attached **hereto**　本契約に対して添付されている証明書
hereunder（hìərʌ́ndər）
the obligations **hereunder**　本契約に基づく義務
hereinafter（hìərənǽftər）
ABC Company（**hereinafter** referred to as the "Seller"）
ABC会社（以下，「売主」という）
hereby（hìəbái）
The Licensor **hereby** grants the Licensee the right to use the Technical Information.
ライセンサーは，**本契約により**，ライセンシーに対して，技術情報を使用する権利を与える
hereof（hìərʌ́v）
a part **hereof**　本契約の一部

066	**there** ＋前置詞	前の名詞を指す

□□□ ▶前置詞部分を変えることで，下のようなものがあります。前置詞部分に発音の第一強勢がある点に注意しましょう。

thereof（ðèəráv）　その～

the Product or part **thereof**＝the Product or part **of that**

製品またはその一部

thereafter（ðèəræftər）　その後

within a reasonable time **thereafter**　その後の合理的な時間内に

therein（ðèərín）　そこに（その中に）

in the manner specified **therein**　そこに定められている態様で

thereby（ðèərbái）　それによる

the Product destroyed **thereby**　それによって破壊された製品

therefrom（ðèrfrám）　そこから

deductions **therefrom**　そこからの削減

067	**liability**（làiəbíləti）	〈名〉責任

□□□ limitation of **liability**　責任上限

▶責任上限とは何か，および，義務と責任の違いについては，重要事項(5)へ

068	**be liable to** ～ **for**…（láiəbl）	～に対して…について責任を負う

□□□ The Seller shall **be liable to** the Purchaser **for** all damage in connection with this Agreement.

売主は，買主に対して，本契約に関するすべての損害について責任を負う。

069	**responsibility**（rispá:nsəbíləti）	〈名〉責任

□□□ ▶liabilityと同じく「責任」という意味ですが，liabilityは「法的責任」である一方で，responsibilityは法的責任に加えて「道義的責任」を含みます。

has no responsibility for any damage

損害について責任を負わない

070	**be responsible to** ～ **for**… （rispá:nsəbl）	～に対して…について責任を負う

□□□ The Contractor shall **be responsible to** the Employer **for** the performance or non-performance of any subcontractor it hires.

請負者は，自らが雇った下請業者の履行または不履行について，発注者に対して責任を負う。

071	**assume** (əsúːm)	（責任）を引き受ける，負う

☐☐☐ The Seller shall <u>assume</u> responsibility for ～ .
売主は，～についての責任**を負う**。

072	**strict liability** (stríkt)	**厳格責任**

☐☐☐ ▶「無過失責任」という意味です。無過失責任とは，契約に定められた義務を果たせない場合には，過失がなくても，契約違反としての責任を問われるという意味です。日本の民法では契約違反には帰責性を必要としますが，英米法では契約責任は厳格責任＝無過失責任とされています。

073	**damage** (dǽmidʒ)	〈名〉損害

☐☐☐ ▶不可算名詞なので，すべての損害はall damage，あらゆる損害はany damageと記載します。
physical <u>damage</u> to property of a third party
第三者の財産に対する物理的な**損害**
<u>damage</u> that exceeds USD 1 million to repair
修理するために百万米ドルを超える**損害**
<u>damage</u> that will take longer than sixty (60) days to repair
修理するのに60日を超える**損害**

074	**compensation** (kɑ̀ːmpənséiʃən)	〈名〉賠償，補塡

☐☐☐ <u>compensation</u> for damage　損害の**賠償**

075	**compensate** (kɑ́ːmpənsèit)	〈他〉を賠償する

☐☐☐ The Seller shall <u>compensate</u> all loss or damage to the Purchaser.
売主は，買主に対して，すべての損失または損害**を賠償**しなければならない。

076	**loss** (lɔ́ːs)	〈名〉損失（額），失うこと，喪失

☐☐☐ any <u>loss</u> or damage suffered by the Purchaser
買主が被る**損失**または損害

077	**damages** (dǽmidʒiz)	〈名〉損害賠償金額

☐☐☐ ▶damageは「損害」であるのに対し，damagesは「損害賠償金額」である点に注意。
liquidated <u>damages</u>　予定された**損害賠償金額**
punitive <u>damages</u>　懲罰的**損害賠償金額**
pay the <u>damages</u> assessed in accordance with Section 3.2
第3条第2項に従って評価される**損害賠償金額**を支払う

078	**suffer** (sʌ́fər)	〈他〉…を被る
□□□	any damage that the Purchaser **suffers** due to the Seller's failure to perform its obligation 売主の義務の不履行に起因して買主が**被る**損害 any loss or damage **suffered** by the Purchaser 買主が**被る**損失または損害（買主によって**被られる**損失または損害）	

079	**sustain** (səstéin)	〈他〉…を被る
□□□	any loss or damage **sustained** by the Purchaser 買主が**被る**損失または損害（買主によって**被られる**損失または損害）	

080	**incur** (inkə́:r)	〈他〉…を被る
□□□	▶suffer，sustain，そしてincurはどれも「〜を被る」という意味ですが，sufferとsustainはどちらも損害・損失（damage/loss）が生じる場合に使われるのに対し，incurは主に費用（cost/expense）が生じる場合に使われる傾向があるようです。 all costs that the Supplier **incurs** because of the suspension of work 仕事の中断に起因して供給者が**被る**すべての費用 all costs **incurred** by the Contractor 請負者が被る費用（請負者によって**被られる**費用）	

081	**terminate** (tə́:rməneit)	〈他〉を終わらせる，を解除する
□□□	In the event the Buyer desires to **terminate** this Contract, 買主が本契約**を解除する**ことを望む場合には，	

082	**termination** (tə̀:rmənéiʃən)	〈名〉終了，（契約の）解除
□□□	**termination** of this Contract 本契約の**解除**	

083	**expire** (ikspáiər)	〈自〉有効期間が切れる，満了する
□□□	This Contract shall **expire** 120 days after the final services have been rendered. 本契約は，最後のサービスが提供された後120日で**有効期限が切れる**。 This warranty shall **expire** two (2) years after the date of the Taking Over. この保証は，検収日の後2年で**満了する**。	

084	**expiration** (èkspəréiʃən)	〈名〉期間満了

□□□ within 14 days after the <u>expiration</u> of the Defect Liability Period
契約不適合責任の<u>満了</u>から14日以内

085	**expiry** (ekspáiri)	〈名〉満了，満期

□□□ <u>expiry</u> date　満了日

▶terminationは，「契約期間の満了」という意味で用いられることもありますが，契約当事者が一方的に契約を終了させること＝「解除」の意味で用いられるのが通常です。「契約期間の満了」には，通常，expirationやexpiryが用いられます。また，「契約満了日」を表すexpiration dateは主に米国で，一方，expiry dateは主に英国で用いられているようです。

086	**attach** (ətǽtʃ)	〈他〉…を添付する

□□□ Any exhibits <u>attached</u> hereto on the date of execution of this Agreement shall form a part of this Agreement.
本契約の締結日に本契約に<u>添付されている</u>添付資料は本契約の一部を構成する。

087	**attachment** (ətǽtʃmənt)	〈名〉添付資料，別紙，別表

□□□ the requirements set forth in the <u>Attachment</u> X
<u>添付資料</u>Xに定められている要求事項

▶添付資料を表す単語は下にあるように多数あります。どれを用いても意味に差はありません。
annex（ənéks）／appendix（əpéndiks）／schedule（skédʒuːl）／exhibit（igzíbit）

088	**table** (téibl)	〈名〉表

□□□ the <u>table</u> attached hereto as Appendix B
添付資料Bとして本契約に添付されている<u>表</u>

089	**specification** (spèsəfikéiʃən)	〈名〉仕様書

□□□ ▶仕様書とは，主に技術的な事項が定められている文書で，契約書の本文に添付されることが多いです。その場合，仕様書も契約書の一部を構成します。つまり，契約当事者は仕様書に記載されている事項にも拘束されます。なお，通常，specification<u>s</u>とsが付く点に気をつけましょう。
The Seller shall deliver the Product to the Purchaser in accordance with the <u>specifications</u> attached hereto.
売主は，製品を，本契約に添付されている<u>仕様書</u>に従って，買主に引き渡さなければならない。

基本①　基本②　秘密保持　売買・業務委託　販売店　共同研究開発　ライセンス　合弁　株式譲渡　一般条項　その他　重要事項

090	**provision** (prəvíʒən)	〈名〉条文
☐☐☐	any **provision** of this Agreement　本契約の**条文**	
091	**requirement** (rikwáiərmənt)	〈名〉要求
☐☐☐	**requirements** set forth in the Specifications 仕様書に定められている**要求**	
092	**require** (rikwáiər)	〈他〉…を求める
☐☐☐	written notice **requiring** the Contractor to repair or replace the defect 請負者に不適合を修理または交換すること**を求める**書面の通知	
093	**request** (rikwést)	〈名〉依頼，要求　〈他〉…を求める
☐☐☐	at the Purchaser's **request** = at the **request** of the Purchaser 買主の**依頼**により	
094	**instruction** (instrʌ́kʃən)	〈名〉指示，命令
☐☐☐	upon the receipt of the **instruction** from the Purchaser, 買主からの指示を受領したらすぐに，	
095	**instruct** (instrʌ́kt)	〈他〉…に指示・命令する
☐☐☐	The Contractor has the right to **instruct** the Subcontractor to perform any of the followings: 請負者は，以下のいずれかを行うように下請業者**に指示する**権利を有する。	
096	**direction** (dərékʃən)	〈名〉指揮，指示，命令
☐☐☐	a written **direction**　書面による指示	
097	**direct** (dərékt)	〈他〉指図する　〈形〉直接の
☐☐☐	direct damage / direct cost　直接損害／直接費 The Seller's liability shall be limited to direct damage sustained by the Buyer. 売主の責任は，買主が被る直接損害に制限される。	
098	**notice** (nóutəs)	〈名〉通知
☐☐☐	without the Disclosing Party's prior written **notice** 開示当事者の事前の**書面**による通知なしに	

099	**notify** (nóutəfài)	〈他〉…に知らせる

☐☐☐ The Contractor shall immediately **notify** the Purchaser of any accident in the Project.
請負者は，プロジェクトにおける事故を買主にただち**に知らせ**なければならない。

100	**inform** (infɔ́ːrm)	〈他〉…に知らせる

☐☐☐ The Contractor shall **inform** the Purchaser of the presence and location of Hazardous Materials at the Site.
請負者はサイト中の危険物の存在と場所を買主**に知らせ**なければならない。

101	**notification** (nòutəfikéiʃən)	〈名〉通知（フォーマルな感じ）

☐☐☐

a written **notification** in the form of Exhibit B attached hereto
本契約に添付されている添付資料Bの形式による書面の**通知**

102	**consent** (kənsént)	〈名〉同意

☐☐☐ the Disclosing Party's prior written **consent**
開示当事者の事前の書面の**同意**

103	**approval** (əprúːvl)	〈名〉同意

☐☐☐ without the other Party's prior written **approval**
他方当事者の事前の書面の**同意**なくして

104	**approve** (əprúːv)	〈他〉…を承認する

☐☐☐ in the form **approved** in writing by the Seller
売主によって文書で**承認された**形式にて

105	**submission** (səbmíʃən)	〈名〉提出，報告書，提案書

☐☐☐ **submission** of the Taking Over Certificate　検収証明書の**提出**

106	**submit** (səbmít)	〈他〉…を提出する

☐☐☐ The Contractor shall **submit** reports in a format and in a manner approved by the Purchaser.
請負者は，買主によって承認された形式と態様で報告書を**提出**しなければならない。

107	**issuance** (íʃuːəns)	〈名〉発行

☐☐☐ **issuance** of a certificate　証明書の**発行**

108	**issue** (íʃuː)	〈他〉…を発行する 〈名〉発行

□□□ The Seller shall <u>issue</u> the Performance Security to the Purchaser within 30 days after the execution of this Contract.
売主は，本契約の締結から30日以内に，買主に履行保証状**を発行**しなければならない。

109	**forward** (fóːrwərd)	〈他〉を送る

□□□ <u>forward</u> the written notice to the Buyer
買主に書面の通知**を送付する**

110	**fault** (fɔ́ːlt)	〈名〉欠陥, 不具合, 責任, 罪

□□□ through no <u>fault</u> of the Receiving Party
受領当事者の**責任**ではなく（受領当事者の責めに帰すべき事由によらずに）
"Fault" means a default, breach, or wrongful act or omission.
「fault」とは，不履行，違反，または不正な作為・不作為を意味する。

111	**agree on / agree upon**	…に合意する

□□□ If the Parties failed to <u>agree upon</u> an arbitrator within five days after…
当事者間で，…の後5日以内に1名の仲裁人を誰にするか**について合意**できない場合には
matters to be <u>agreed upon</u> between the Parties
当事者間で**合意される**べき事項

112	**agreed-upon** (əgríːd)	合意済みの

□□□ <u>agreed-upon</u> procedure 合意済みの手続

113	**article** (áːrtikl)	〈名〉条

□□□ the payment terms specified in <u>Article 2</u> of this Agreement
本契約の**第2条**に定められている支払条件
他に，条を表すときに使われる文言として，Clause（klɔːz）やSection（sékʃən）があります。

114	**paragraph** (pérəgræf)	〈名〉項, 段落

□□□ the preceding <u>paragraph</u> 前**項**

115	**above** (əbΛv)	〈形〉上記の　〈副〉上記に

☐☐☐　notwithstanding the <u>above</u> provision,　　上記の条文にかかわらず
　　　　except as stated <u>above</u>　　上記に定められている事項を除いて
　　▶「上記の」を表す表現としては，他に次のようなものがあります。
　　　　abovesaid〈形〉
　　　　abovementioned〈形〉

116	**previously** (prí:viəsli)	〈副〉前に，以前に

☐☐☐　any information <u>previously</u> provided under this Section 4.3
　　　　第4条第3項に基づいて<u>すでに</u>提供されている情報

117	**below** (bilóu)	〈副〉以下に

☐☐☐　except as provided <u>below</u>　<u>以下</u>に定められている事項を除いて

118	**following** (fá:louiŋ)	〈形〉以下の　〈前〉後で＝after

☐☐☐　if any of the <u>following</u> events occur,
　　　　<u>以下</u>の事象のいずれかが生じた場合には，
　　　　<u>following</u> the termination　解除<u>の後で</u>

119	**as follows**	以下のとおり

☐☐☐　the parties hereto agree <u>as follows</u>:
　　　　本契約の当事者は，<u>以下のとおり</u>合意する

| 第2章 | 英文契約の条文の基本的な型を構成する英単語 | 120▶170 |

120	**in the event** (that)主語＋動詞(ivént)	〜の場合
☐☐☐	In the event the Supplier fails to deliver the Product to the Purchaser by the Delivery Date, 供給者が，製品を引渡期日（納期）までに買主に引き渡さない**場合には**，	

121	**in the event of** 名詞 / 動名詞	〜の場合
☐☐☐	in the event of any breach of this Agreement, 本契約に違反した**場合には**，	

122	**where**	〈接〉の場合には
☐☐☐	▶「どこで？」 という意味の疑問詞としてお馴染みですが，接続詞として「の場合には」 という意味で使われることもよくあります。 where the Purchaser fails to pay the Contract Price to the Seller, 買主が売主に契約金額を支払わない**場合には**，	

123	**should**	〈助動〉万一〜ならば
☐☐☐	▶「万一」 というニュアンスがあると学んできたと思いますが，契約書では，「…の場合」 という意味で使われることがよくあります。ifやin the eventなどと代替可能です。 Should the Supplier fail to deliver the Product by the Deadline, 供給者が，納期までに製品を引き渡さない**場合には**，	

124	**in case of/that** (kéis)	の場合
☐☐☐	in case of event of default　債務不履行（契約違反）の**場合には**	

125	**notwithstanding** (nὰ:twiθstǽndiŋ)	〈前〉にもかかわらず
☐☐☐	notwithstanding anything provided in this Agreement, 本契約のいかなる定め**にもかかわらず**，	

126	**regardless of** (rigάːrdləs)	にもかかわらず
☐☐☐	regardless of Section 2,　第2条の定めにもかかわらず，	

127	**nevertheless** (nèvərðəlés)	〈副〉それにもかかわらず

□□□ ▶neverthelessの前に記載されている部分を受けて、「それにもかかわらず…だ」となります。

If any provision of this Agreement is invalid, illegal, or unenforceable, **nevertheless**, the balance of this Agreement shall remain in effect.

本契約のいかなる条文が無効、違法、または強制執行不可能である場合、それにもかかわらず、本契約の残りの部分は有効である。

128	**despite** (dispáit)	〈前〉にもかかわらず

□□□ **despite** any consent or approval under this Clause
本条に基づく承認にもかかわらず

129	**irrespective of** (ìrispéktiv)	にもかかわらず

□□□ **irrespective of** Article 6.1 of this Agreement,
本契約の第6条第1項にもかかわらず

130	**to the contrary** (kάːntrèri)	それとは反対に

□□□ notwithstanding anything **to the contrary** provided herein
本契約に反対のことが定められていようとも

131	**specified in** ＋名詞	…に定められている

□□□ the requirements **specified in** the Specifications
仕様書に定められている要求事項
specify (spésəfài) 〈他〉を定める

▶「に定められている」を表す表現は、下のNo.132〜 No.140にあるようにたくさんあります。その中のどれを使わなければならないという決まりはありません。あくまで筆者の経験に基づくものですが、使用される頻度として高いのは、specified in, provided in, set forth in, stated inなどです。

▶the requirements **as specified in** the Specificationsのように、関係代名詞asが入ることもありますが、asの有無で通常、意味は変わらないと考えて問題ありません。

132	**set forth in** ＋名詞	…に定められている（米国で多い）

□□□ set forth (fɔ́ːrθ) を定める

133	**set out in** ＋名詞	…に定められている（英国で多い）

□□□ set out を定める

134	**provided in** ＋名詞	…に定められている
☐☐☐	provide that SV (prəváid)　と定める	

135	**prescribed in** ＋名詞	…に定められている
☐☐☐	prescribe (priskráib)〈他〉　を定める	

136	**stipulated in** ＋名詞	…に定められている
☐☐☐	stipulate (stípjəlèit)〈他〉　を定める	

137	**shown in** ＋名詞	…に定められている
☐☐☐	show〈他〉　を示す	

138	**stated in** ＋名詞	…に定められている
☐☐☐	state (stéit)〈他〉　を定める	

139	**described in** ＋名詞	…に定められている
☐☐☐	describe (diskráib)〈他〉　を定める	

140	**mentioned in** ＋名詞	…に定められている
☐☐☐	mention (ménʃən)〈他〉　を定める	

141	**in connection with** (kənékʃən)	に関して
☐☐☐	the damage suffered by the Purchaser <u>in connection with</u> this Agreement 本契約**に関して**買主によって被られる損害（買主が被る損害） ▶英文契約書では，「に関して」という場合にaboutが使われることはまずありません。他に「に関して」「に関する」を表す表現には，以下のようなものがあります。 in respect of (rispékt)／with respect to (rispékt)／in relation to (riléiʃən)／in association with (əsòusiéiʃən)／regarding (rigɑːrdiŋ)／concerning (kənsə́ːrniŋ)	

142	**as to**	に関して
☐☐☐	If the Contractor disagrees with the Owner <u>as to</u> the amount of the adjustment to the Contract Price, もしも請負者が契約金額への調整の額**に関して**発注者と合意に至らない場合には，	

143	**caused by**	によって引き起こされる

□□□ any delay **caused by** the Contractor
請負者**によって引き起こされた**遅れ

▶理由・原因を表す他の表現としては，以下のようなものがあります。
arising out of／arising from／resulting from／as a result of(rizʌlt)
／by reason of（ríːzn）／due to（d(j)úː)／because of（bikɔ́ːz)／
attributable to（ətríbjətəbl)／by

144	**to the extent** (**that**) **SV**(ikstént)	SがVする範囲で

□□□ **to the extent** such actions are permitted by applicable law
かかる行為が適用される法律によって許容される**範囲で**
Each Party may use the other Party's Confidential Information
to the extent such use is reasonably necessary for the
Purpose.
各当事者は，相手方の秘密情報を，目的のために合理的に必要である**範囲
で**使用することができる。

145	**to the extent of** (ikstént)	の範囲で

□□□ **to the extent of** the Seller's knowledge
売主の認識の**範囲で**（売主が認識している**範囲で**）

▶他にso long as / insofar asがあります。

146	**except for** (iksépt)	を除いて

□□□ **except for** the damage caused by the Seller's gross negligence
or willful misconduct
売主の重過失または故意によって引き起こされる損害**を除いて**

147	**except where**	の場合を除いて

□□□ **except where** the loss or damage is caused by the Seller's
gross negligence or willful misconduct
その損失または損害が売主の重過失または故意によって引き起こされる**場
合を除いて**

148	**except as provided in**	に定められている場合を除いて

□□□ **except as provided in** Section 6.1
第6条第1項**に定められている場合を除いて**

149	**except to the extent**	の範囲を除いて

☐☐☐ except to the extent prohibited by applicable law
適用される法律によって禁止される**範囲を除いて**

150	**unless** (ənlés)	〈接〉でない限り

☐☐☐ "Days" means calendar days <u>unless</u> otherwise specified in this Contract.
「日」とは，本契約に別途記載されている**のでない限り**，暦日（カレンダー上の日数（休日を含める））を意味する。
"Properties" means, <u>unless</u> otherwise specifically limited, real or personal property of any kind, tangible or intangible.
「財産」とは，別途特別に制限されていない限り，有形または無形といったあらゆる種類の不動産または動産を意味する。

▶unless and untilも同じ意味です。

151	**subject to** (sʌbdʒekt)	の支配下にある，を条件とする

☐☐☐ All provisions of these By-laws are <u>subject to</u> requirements of applicable law and the Certificate of Incorporation of the Corporation.
付属定款の定めは，適用される法律と会社の基本定款の要求**に従う**ものとする。

152	**based on**	に基づいて，を根拠にして

☐☐☐ invoice <u>based on</u> Time and Materials
タイムアンドマテリアル（工数単価方式）に基づいた請求

153	**except as otherwise provided in**	に別途定められている場合を除いて

☐☐☐ except as otherwise provided in this Agreement
本契約に別途定められている場合を除いて

154	**unless otherwise provided in**	に別途定められているのでない限り

☐☐☐ unless otherwise provided in this Agreement
本契約に別途定められているのでない限り

▶except <u>as</u> otherwise provided inの中のasは関係代名詞で，元々はexcept (for such 名詞) as (be動詞) otherwise provided in，一方，unless otherwise provided inは，元々はunless (主語＋be動詞) otherwise provided inで，それぞれの（　）内が省略されています。

155	**otherwise** (ʌ́ðərwàiz)	〈形〉他の　〈副〉その他の点では，別途

□□□ at law or in equity or <u>otherwise</u>　法律，衡平法，またはその他
except as <u>otherwise</u> provided in this Agreement
本契約に**別途**定められている場合を除いて

156	**other than**	以外

□□□ upon the expiration of this Agreement or its termination <u>other than</u> by the Receiving Party's breach,
本契約の満了または受領当事者の契約違反**以外**の理由による契約解除が生じたら

157	**excluding** (iksklúːdiŋ)	〈前〉を除く

□□□ "Contract Price" means USD 5,000 (<u>excluding</u> applicable taxes)
契約金額とは，五千米ドルを意味する（税金**を除く**）。
This Agreement is governed by and construed in accordance with the laws of Japan <u>excluding</u> provisions of conflict of laws.
本契約は，抵触法の条文**を除き**，日本法に従って解釈される。

158	**in accordance with** (əkɔ́ːrdns)	…に従って

□□□ <u>in accordance with</u> all applicable laws
適用されるすべての法律**に従って**
Each Party shall perform its obligations under this Contract <u>in accordance with</u> all applicable laws, rules, and regulations now or hereafter in effect.
各当事者は，現時点以降有効なあらゆる法律，規則，および規制**に従って**，本契約に基づき，その義務を履行しなければならない。
▶「に従って」を表す表現には，他にNo.159とNo.160があります。

159	**pursuant to** (pərsúːənt)	…に従って

□□□ The Purchaser shall pay the Contract Price to the Seller <u>pursuant to</u> Clause 20.3
買主は売主に第20条第3項**に従って**契約金額を支払わなければならない。

160	**under** (ʌ́ndər)	〈前〉…に従って，に基づいて，に基づき

□□□ Payments to the Seller <u>under</u> this Section 7.4 shall be made in U.S. currency.
第7条第4項**に基づく**売主への支払は，米ドル通貨でなされなければならない。

161	**upon** (əpɑ̀:n)	〈前〉…となったら（ただちに）

□□□ <u>upon</u> the Seller's receipt of the written notice from the Purchaser　買主からの書面の通知を売主が受領したら
<u>upon</u> termination by reason of the Purchaser's default
買主の契約違反を理由とする解除の場合
<u>upon</u> the occurrence of an Event of Default
契約違反が生じたら
<u>upon</u> the expiration of this Agreement　本契約が期間満了したら
<u>upon</u> demand　要求があり次第

162	**immediately** (imí:diətli)	〈副〉ただちに

□□□ "<u>Immediately</u>" means as soon as possible but in no event longer than 24 hours.
「<u>ただちに</u>」とは，できるだけ早く，しかし24時間を超えない時間を意味する。
The Seller shall repay that amount <u>immediately</u>.
売主は，その金額を<u>ただちに</u>返金しなければならない。

163	**promptly** (prɑ́:mptli)	〈副〉ただちに，迅速に

□□□ The Contractor shall <u>promptly</u> correct the Product rejected by the Owner.
請負者は発注者によって拒絶された製品を<u>すぐに</u>修理しなければならない。

164	**forthwith** (fɔːrθwíθ)	〈副〉ただちに

□□□ On the occurrence of any of the events specified below, the Owner may terminate this Contract <u>forthwith</u> after the occurrence of such event.
以下に定められた事象のいずれかが生じたら，発注者は，かかる事象の発生後<u>ただちに</u>本契約を解除することができる。

165	**no later than**	…以内に

□□□ within a reasonable time, but at least <u>no later than</u> 5 business days after…
…の後合理的期間内に，しかし，遅くとも，5営業日<u>以内に</u>

166	**within**	〈前〉…以内に

□□□ <u>within</u> thirty (30) days following the date of termination
解除の日の後30日<u>以内に</u>

167	**a reasonable time / a reasonable period**	合理的期間

□□□ ▶合理的期間内という場合，期間が曖昧になるので，以下のように記載することで期間を明確にすることがあります。

within **a reasonable time**, but in no event no later than 5 days after…

…の後**合理的期間**内に，しかし，いかなる場合でも，5日以内に

168	**provided that SV** (prəváidid)	ただし

□□□ This Agreement may be amended after the execution of this Agreement, **provided that** all such amendments shall be in writing.

本契約は，本契約の締結後に修正することができる。**ただし**，かかるすべての修正は書面でなされなければならない。

▶howeverが下のように入ることもありますが，意味は同じです。

however, provided that

provided, however, that

▶provided thatの「ただし」は，具体的な意味としては，「順接」「逆説」または「もし〜ならば」という「条件」の意味であることが多く，その場合には，and, but, unless, またはifなどで書き換えることが可能なので，自分で英文を作る際には，無理にprovided thatを用いようとする必要はありません。

169	**proviso** (prəváizou)	〈名〉ただし書き

□□□ subject to the **proviso** set forth in Section 5.1

第5条第1項に定められている**ただし書き**に従って

170	**arising out of or in connection with**	…から生じる，または…に関する

□□□ any difference between the Parties **arising out of or in connection with** this Contract

本契約**から生じる**，または本契約**に関する**当事者間の相違

▶arising out ofとin connection withのそれぞれ単独の場合と何が違うのか？→重要事項(6)へ

第3章	秘密保持契約の英単語	171▶287

171	**non-disclosure agreement**	秘密保持契約

□□□ ▶略してNDAと呼ばれます。
秘密保持契約とは，第三者に知られたくない情報を一方当事者が他方当事者に開示する際に交わされる契約です。双方の当事者が秘密情報を開示し合う場合（双方開示）と，一方当事者のみが秘密情報を開示する場合（一方開示）があります。双方開示の場合には，どちらの当事者も，情報を開示する当事者かつ受領する当事者となります。企業が何かの取引を他者と行う場合には，なにはともあれまずは秘密保持契約を締結することが多いです。よって，企業法務部や海外営業の方は，秘密保持契約書のチェックをすばやく的確にできるようになることを目指しましょう。

172	**Confidential Agreement** (kɑ̀:nfədénʃəl)	秘密保持契約

□□□ 略してCAと呼ばれることもあります。

173	**disclose** (disklóuz)	〈他〉を開示する

□□□ The Receiving Party shall not **disclose** the Confidential Information to any third party.
受領当事者は，第三者に対して，秘密情報を開示してはならない。

174	**Disclosing Party**	開示当事者

□□□ 秘密保持契約では，「秘密情報を開示する契約当事者」＝「開示当事者」をDisclosing Partyと定義することがよく行われます。

175	**Discloser**	〈名〉開示当事者

□□□ ▶秘密保持契約では，開示当事者はDisclosing Partyと定義するのが一般的ですが，他にDiscloserと定義されることもあります。

176	**disclosure** (disklóuʒər)	〈名〉開示

□□□ the **disclosure** of the information　情報の開示

177	**divulge** (dəvʌ́ldʒ)	〈他〉…を開示する，漏えいする

□□□ ▶秘密保持契約では，「情報を開示する」というときは，一般にはdisclose
が使われますが，稀にdivulgeが使われることもあります。
The Disclosing Party divulges the Confidential Information to
the Receiving Party.
開示当事者は，受領当事者に対し，秘密情報を開示する。

178	**leak** (líːk)	〈他〉を漏えいする，リークする

□□□ ▶一般には，「情報漏えい」の意味で使われることが多いですが，英文契約
書中でこの単語が使われることは滅多にありません。

179	**receive** (risíːv)	〈他〉…を受領する

□□□ Within five (5) days after the Receiving Party receives the
written notice from the Disclosing Party, the Receiving Party
shall return the Confidential Information to the Disclosing
Party.
受領当事者が開示当事者から書面の通知を受領後5日以内に，受領当事者
は開示当事者に秘密情報を返還しなければならない。

180	**Receiving Party**	受領当事者

□□□ ▶秘密保持契約では，「秘密情報を受領する契約当事者」＝「受領当事者」
をReceiving Partyと定義することが多いです。

181	**Recipient** (risípiənt)	〈名〉受領当事者

□□□ ▶秘密保持契約では，受領当事者はReceiving Partyと定義されるのが一
般的ですが，Recipientと定義されることもあります。

182	**receipt** (risíːt)	〈名〉受領

□□□ upon receipt of the written notice from the Purchaser,
買主からの書面の通知を受領したら（すぐに），

183	**confidential** (kɑ̀ːnfədénʃəl)	〈形〉秘密の

□□□ ▶秘密保持契約では，「秘密情報」はConfidential Informationと定義する
ことが多いです。

184	**confidentiality** (kà:nfədenʃiǽləti)	〈名〉機密保持（義務），守秘（義務）

□□□ ▶秘密保持義務を表す際に，confidentialityのみの場合もあれば，confidentiality obligationと記載されることもあります。
a breach of <u>confidentiality</u>　秘密保持義務の違反
the <u>confidentiality</u> obligations under this Contract
本契約に基づく秘密保持義務

185	**secret** (síːkrət)	〈形〉秘密の 〈名〉秘密

□□□ ▶「秘密」という場合，トップシークレットなどのように，secretのほうが私たちには馴染みがありますが，秘密保持契約書で「秘密」という場合には，secretよりもconfidentialが使われることのほうが多いです。
trade <u>secret</u>　営業秘密，企業秘密

186	**proprietary** (prəpráiətèri)	〈形〉専有の

□□□ proprietary information　秘密情報，機密情報，専有情報
▶秘密保持契約で秘密情報を定義する場合には，Confidential Informationとするほうが一般的です。

187	**strict** (stríkt)	〈形〉厳格な

□□□ A Party shall hold all information provided from the other Party in the <u>strictest</u> confidence
契約当事者は，相手方当事者から提供されたすべての情報を最大限<u>厳格に</u>秘密にしなければならない。

188	**orally** (ɔ́ːrəli)	〈副〉口頭で

□□□ <u>orally</u> or in writing　口頭または書面で
If the Confidential Information is disclosed <u>orally</u>,
秘密情報が<u>口頭</u>で開示された場合には，

189	**oral** (ɔ́ːrəl)	〈形〉口頭の

□□□ Either Party may disclose to the other Party proprietary or confidential information in written, <u>oral</u>, or other tangible or intangible forms.
一方当事者は，他方当事者に対して，書面，<u>口頭</u>，またはその他の有形・無形の形態で秘密情報を開示する。

190	**visually** (víʒuəli)	〈副〉視覚的に

□□□ orally or <u>visually</u> disclosed information
口頭または<u>視覚的に</u>開示される情報

191	**in writing** (ráitiŋ)	文書で

□□□ information identified **in writing** by the Disclosing Party as being confidential
開示当事者によって**文書で**秘密であるとして特定された情報

192	**written** (rítn)	〈形〉書面の

□□□ **written** notice　書面の通知
in **written** form　書面の形式で

193	**tangible** (tǽndʒəbl)	〈形〉有形の（実際に触ることができるもの）〈名〉有形の財産

□□□ **tangible** asset　有形の資産
Confidential Information provided in **tangible** form
有形の形式で提供される秘密情報

194	**intangible** (intǽndʒəbl)	〈形〉無形の（実際には触ることができないもの）〈名〉無形の財産

□□□ ▶情報が書面の形で開示された場合には，tangible formで開示されたといい，一方，口頭で開示された場合には，intangible formで開示されたといいます。
Confidential Information provided in **intangible** form
無形の形式で提供される秘密情報

195	**electronic** (ilèktrá:nik)	〈形〉電子の，電子的な

□□□ in **electronic** form　電子形式で
electronic signature　電子署名

196	**reduce** (ridú:s)	〈他〉…を減少させる reduce A to BでAをBに変える

□□□ summary **reduced** to writing　文書に（変換）された要約
reduce to writing the issue to be placed before the arbitrator
仲裁人の前に提示されるべき問題（事項）を文書にする

197	**preserve** (prizə́:rv)	〈他〉…を保護する

□□□ The Receiving Party shall **preserve** the Confidential Information.
受領当事者は，秘密情報を保護しなければならない。

198	**protect** (prətékt)	〈他〉…を保護する

□□□ a duty to **protect** the Confidential Information
秘密情報を保護する義務

基本①　基本②　秘密保持　業務委託　販売店　共同研究開発　ライセンス　合弁　株式譲渡　一般条項　その他重要事項

| 199 | **keep** (kíːp) | 〈他〉…を維持する |

☐☐☐ **keep** the information provided by the Customer confidential
顧客から提供された情報を秘密に**保持する**

| 200 | **maintain** (meintéin) | 〈他〉…を維持する |

☐☐☐ **maintain** the Confidential Information in confidence
秘密情報について秘密**を保持する**

| 201 | **hold** (hóuld) | 〈他〉…を維持する |

☐☐☐ **hold** all secret or confidential information in confidence
すべての秘密情報を秘密に**保持する**

| 202 | **safeguard** (séifgàːrd) | 〈他〉…を保護する |

☐☐☐ The Contractor shall **safeguard** the Confidential Information in accordance with the confidentiality requirements of this Agreement.
請負者は，本契約の秘密保持の要求に従って秘密情報**を保護し**なければならない。

| 203 | **prior** (práiər) | 〈形〉前の，事前の |

☐☐☐ **prior** written notice　事前の書面の通知
prior to　の前に（beforeと置き換え可能）
prior to the disclosure of the Confidential Information
秘密情報の開示**の前に**

| 204 | **existence** (igzístəns) | 〈名〉存在 |

☐☐☐ The **existence** and content of this Agreement shall not be treated confidential.
本契約の**存在**および内容は秘密と扱われない。

| 205 | **content** (káːntènt) | 〈名〉内容 |

☐☐☐ Neither Party may disclose the existence and **content** of the discussion and negotiation of this transaction to a third party.
いずれの当事者も，第三者に対して本取引の協議および交渉の存在および**内容**を開示してはならない。

206	**employee** (implóiː)	〈名〉従業員

□□□ ▶受領当事者は，秘密保持契約に基づき開示当事者から開示された情報を，一定の条件を付けた上で，社内の以下のような者に開示することが許されるのが通常です。
officer（áːfəsər）〈名〉役員
director（dəréktər）〈名〉取締役
financial adviser（fənǽnʃəl）（ədváizər）財務顧問，財務アドバイザー
legal advisor（líːgl）（ədváizər）法律顧問，法律アドバイザー
The Receiving Party may disclose the Confidential Information to the Receiving Party's <u>directors</u>, <u>officers</u>, <u>employees</u>, <u>financial advisors</u> or <u>legal advisors</u> who have a need to know the Confidential Information for the Purpose.
受領当事者は，本契約の目的のために秘密情報を知る必要がある受領当事者の**取締役**，**役員**，**従業員**，**財務顧問**，または**法律顧問**に対して秘密情報を開示することができる。

207	**affiliate company** (əfíliət)	関係会社，系列会社

□□□ related company　関係会社

208	**subsidiary company** (səbsídièri)	子会社

□□□ ▶affiliate companyやsubsidiary companyは，その内容を明確にするために定義されることもあります。

209	**substantially** (səbstǽnʃəli)	〈副〉実質的に

□□□ confidentiality obligations (which are) <u>substantially</u> the same as those set forth in this Agreement
本契約に定められているものと**実質的に**同じ守秘義務

210	**foregoing** (fóːrgòuiŋ)	〈形〉上記の　〈名〉上記の事項

□□□ any of the <u>foregoing</u> provisions　<u>上記の条文</u>のいずれか
notwithstanding the <u>foregoing</u>　<u>上記の事項</u>にもかかわらず

211	**following** (fáːlouiŋ)	〈形〉下記の　〈名〉下記のもの 〈前〉…の後＝after

□□□ the <u>following</u> provisions　<u>以下の条文</u>
<u>following</u> termination by the Purchaser　買主による契約**の後で**

212	**without limiting the generality of the foregoing**	上記の一般性を制限することなく

☐☐☐ ▶先に述べた内容を制約する意図がないことを明確に示すために使われます。

<u>Without limiting the generality of the foregoing</u>, the Receiving Party may disclose the Confidential Information, to those employees who need to know the Confidential Information for the Purpose.

<u>上記の一般性を制限することなく</u>，受領当事者は，本契約に定められている目的のために秘密情報を知る必要がある従業員に秘密情報を開示することができる。

213	**apply** (əplái)	〈自〉apply to Aで「(規則，法などが) Aに適用される」 〈他〉apply A to Bで「AをBに適用する」

☐☐☐ The above confidential obligations do not **apply to** the following information:

上記の秘密保持義務は，以下の情報には**適用され**ない。

214	**application** (æplikéiʃən)	〈名〉申請

☐☐☐ **application** form 申請フォーム

215	**applicable** (æplikəbl)	〈形〉適用される

☐☐☐ any **applicable** law 適用される法律

216	**prove** (prúːv)	〈他〉を証明する

☐☐☐ The foregoing confidentiality obligations will not apply to any information which the Receiving Party **proves**:

上記の秘密保持義務は，受領当事者が，以下に該当すること**を立証した**情報には適用されない。

217	**proof** (prúːf)	〈名〉証明，立証

☐☐☐ the burden of **proof** 証明責任，立証責任

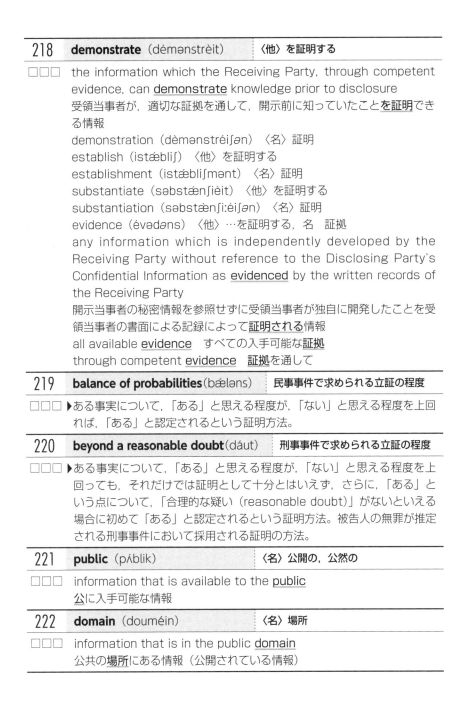

| 218 | **demonstrate** (démənstrèit) | 〈他〉を証明する |

□□□ the information which the Receiving Party, through competent evidence, can **demonstrate** knowledge prior to disclosure
受領当事者が，適切な証拠を通して，開示前に知っていたこと**を証明**できる情報
demonstration (dèmənstréiʃən) 〈名〉証明
establish (istǽbliʃ) 〈他〉を証明する
establishment (istǽbliʃmənt) 〈名〉証明
substantiate (səbstǽnʃièit) 〈他〉を証明する
substantiation (səbstǽnʃiːéiʃən) 〈名〉証明
evidence (évədəns) 〈他〉…を証明する，名　証拠
any information which is independently developed by the Receiving Party without reference to the Disclosing Party's Confidential Information as **evidenced** by the written records of the Receiving Party
開示当事者の秘密情報を参照せずに受領当事者が独自に開発したことを受領当事者の書面による記録によって**証明される**情報
all available **evidence**　すべての入手可能な**証拠**
through competent **evidence**　**証拠**を通して

| 219 | **balance of probabilities** (bǽləns) | 民事事件で求められる立証の程度 |

□□□ ▶ある事実について，「ある」と思える程度が，「ない」と思える程度を上回れば，「ある」と認定されるという証明方法。

| 220 | **beyond a reasonable doubt** (dáut) | 刑事事件で求められる立証の程度 |

□□□ ▶ある事実について，「ある」と思える程度が，「ない」と思える程度を上回っても，それだけでは証明として十分とはいえず，さらに，「ある」という点について，「合理的な疑い（reasonable doubt）」がないといえる場合に初めて「ある」と認定されるという証明方法。被告人の無罪が推定される刑事事件において採用される証明の方法。

| 221 | **public** (pʌ́blik) | 〈名〉公開の，公然の |

□□□ information that is available to the **public**
公に入手可能な情報

| 222 | **domain** (douméin) | 〈名〉場所 |

□□□ information that is in the public **domain**
公共の**場所**にある情報（公開されている情報）

223	**possession** (pəzéʃən)	〈名〉何かを持っている，または所有している状態，占有
☐☐☐	any information which was in the Receiving Party's <u>possession</u> prior to the Disclosing Party's disclosure 開示当事者による開示の前に受領当事者が<u>所持</u>していた情報	

224	**ownership** (óunərʃip)	〈名〉所有権
☐☐☐	<u>ownership</u> of the Product　製品の<u>所有権</u> <u>ownership</u> of Intellectual Property Rights　知的財産権の<u>所有権</u> <u>ownership</u> of the Confidential Information　秘密情報の<u>所有権</u>	

225	**title** (táitl)	〈名〉所有権
☐☐☐	<u>title</u> to the Product　製品の<u>所有権</u> <u>title</u> to the Confidential Information　秘密情報の<u>所有権</u> ▶ownershipの場合には，ownership of the Productとofを使うのに対し，titleの場合には，title to the Productとtoを使う点に注意しましょう。	

226	**independently** (ìndipéndəntli)	〈副〉独立して，独自に
227	**develop** (divéləp)	〈他〉…を開発する
☐☐☐	any information that is <u>independently</u> <u>developed</u> by the Receiving Party 受領当事者によって<u>独自に開発された</u>情報	

228	**development** (divéləpmənt)	〈名〉開発，発展
☐☐☐	ODA＝official <u>development</u> assistance　政府<u>開発</u>援助	

229	**reference** (réfərəns)	〈名〉参照
☐☐☐	without <u>reference</u> to the information provided by the Disclosing Party 開示当事者によって提供された情報を<u>参照</u>せずに	

230	**available** (əvéiləbl)	〈形〉利用可能な
☐☐☐	any information which becomes <u>available</u> to the Receiving Party by a third party 第三者によって，受領当事者が<u>利用できる</u>ようになる情報	

231	**through no fault of** (θrúː)	の過失なく

□□□ any information that becomes available in the public domain **through no fault of** the Receiving Party
受領当事者の<u>過失によらずに</u>公開されるに至る情報

232	**obtain** (əbtéin)	〈他〉…を得る，獲得する

□□□ any information that was **obtained** from a third party without an obligation of confidentiality
秘密保持義務を負わずに，第三者から<u>得た</u>情報

233	**treat** (tríːt)	〈他〉…を扱う

□□□ Each Party shall **treat** all information disclosed by the other Party as confidential.
各当事者は，相手方当事者によって開示されるすべての情報を秘密として<u>扱わ</u>なければならない。

234	**treatment** (tríːtmənt)	〈名〉扱い

□□□ **treatment** of the Confidential Information
秘密情報の<u>扱い</u>

235	**due** (djúː)	〈形〉適切な，相応の，しかるべき，支払われるべき，支払期限が到来した等

□□□ the amount **due** to the Seller　売主に支払われるべき金額
▶なお，以下のように，due toで「に起因する」という意味もあるので注意しましょう。
any loss or damage **due to** the Supplier's fault
供給者の契約違反<u>に起因する</u>損失または損害

236	**with due care**	善良なる管理者の注意義務を払って，適切な注意を払って

□□□ The Receiving Party shall treat the Confidential Information **with due care**.
受領当事者は，<u>適切な注意を払って（善管注意義務をもって）</u>，秘密情報を扱わなければならない。
▶with due careは必ずしも日本の民法上の善管注意義務と同じ意味とは言えませんが，上の例文にあるような秘密情報の扱いについて定められる条文で使用されているときは，善管注意義務と捉えて問題ないと思われます。

237	**degree** (digríː)	〈名〉程度

☐☐☐ The Receiving Party shall use the Confidential Information with the same <u>degree</u> of care that it uses to protect the confidentiality of its own confidential information.
受領当事者は，自己の秘密情報の機密性を保護するのと同<u>程度</u>の注意をもって，秘密情報を使用しなければならない。

238	**standard** (stǽndərd)	〈名〉基準，水準

☐☐☐ The Receiving Party shall maintain the confidentiality of the Disclosing Party's Confidential Information with at least the same degree of care as it maintains the confidentiality of its own confidential information, and in any event, not less than a reasonable <u>standard</u> of care.
受領当事者は，開示当事者の秘密情報の機密性を，自己の秘密情報の機密性を維持するのと少なくとも同程度の注意を払って維持するものとし，いかなる場合も，合理的な<u>水準</u>以上の注意を払わなければならない。

239	**store** (stɔ́ːr)	〈他〉…を保管する

☐☐☐ The Receiving Party shall <u>store</u> the Confidential Information on the computer designated by the Disclosing Party.
受領当事者は，開示当事者によって指定されたコンピューター上に秘密情報を，<u>保管し</u>なければならない。

240	**database** (déitəbèis)	〈名〉データベース

☐☐☐ The Receiving Party shall keep the Confidential Information in the <u>database</u> designated by the Disclosing Party.
受領当事者は，開示当事者によって指定される<u>データベース</u>に秘密情報を保持しなければならない。

241	**means** (míːnz)	〈名〉方法

☐☐☐ electronic <u>means</u>　電子的な<u>方法</u>

242	**storage** (stɔ́ːridʒ)	〈名〉保管，保存

☐☐☐ data <u>storage</u>　データ<u>保存</u>，データ<u>保管</u>

243	**access** (ǽkses)	〈他〉にアクセスする，に接続する 〈名〉アクセス

☐☐☐ the computer that cannot be <u>accessed</u> by any third parties
第三者によって<u>アクセスされ</u>ないコンピューター

244	**reverse-engineer**	〈他〉を逆行分析する

☐☐☐ The Receiving Party will not use, disclose, or <u>reverse-engineer</u> the Confidential Information for any purpose other than the Purpose, except as authorized in writing by the Disclosing Party.
受領当事者は，開示当事者によって書面で承諾された場合を除いて，目的の範囲外のために，秘密情報を使用，開示，または<u>リバースエンジニアリング（逆行分析）</u>をしてはならない。
reverse engineering 〈名〉逆行分析（他社の製品を分解・分析して用いられている技術や構造などを研究すること）

245	**copy** (ká:pi)	〈他〉コピーする 〈名〉コピー

☐☐☐ The Receiving Party shall not <u>copy</u> the Confidential Information.
受領当事者は，秘密情報**を複製**してはならない。
all <u>copies</u> made by the Receiving Party
受領当事者によってなされたすべての**複製**

246	**duplication** (djù:plikéiʃən)	〈名〉複写，複製

☐☐☐ duplicate (djú:plikèit) 〈他〉を複製する，〈名〉複製

247	**reproduce** (rì:prədú:s)	〈他〉を複製する

☐☐☐ The Receiving Party shall not to copy, <u>reproduce</u>, reverse engineer or reduce to writing the Confidential Information except as may be reasonably necessary for the Purpose.
受領当事者は，目的のために合理的に必要となる場合を除いて，秘密情報を**複製**，逆行分析，または文書化してはならない。

248	**in whole or in part**	全部または一部

☐☐☐ terminate this Contract <u>in whole or in part</u>
本契約の**一部または全部**を解除する

249	**as is**	あるがままの状態で

☐☐☐ The Disclosing Party provides the Confidential Information to the Receiving Party on an "<u>AS IS</u>" basis.
開示当事者は，受領当事者に対し，秘密情報を**あるがままの状態**で開示する。
▶on a…basisで，「…の基準で，…の原理で」

250	**consequence**（ká:nsəkwèns）	〈名〉結果

☐☐☐ a **consequence** of the use or misuse of the Confidential Information
秘密情報の使用または誤用の**結果**
result（rizʌlt）も同じ意味です。

251	**misuse** 名（mìsjú:s）　動（mìsjú:z）	〈名〉誤用 〈他〉…を誤用する

☐☐☐ the **misuse** of the information　情報の**誤使用**

252	**accurate**（ǽkjərət）	〈形〉正確な

☐☐☐ The Disclosing Party does not warrant to the Receiving Party that the Confidential Information is **accurate**.
開示当事者は，受領当事者に対して，秘密情報が**正確**であることを保証しない。

253	**accuracy**（ǽkjərəsi）	〈名〉正確さ

☐☐☐ The Disclosing Party does not warrant to the Receiving Party the **accuracy** of the Confidential Information.
開示当事者は，受領当事者に対して，秘密情報の**正確性**を保証しない。

254	**completeness**（kəmplí:tnəs）	〈名〉完全性

☐☐☐ No Party makes any warranties or representations as to the accuracy or **completeness** of the Confidential Information.
いずれの当事者も，秘密情報の正確性または**完全性**に関していかなる保証も表明も行わない。

255	**remain**（riméin）	〈自〉残る，依然として…のままである

☐☐☐ All Confidential Information shall **remain** the property of the Disclosing Party.
すべての秘密情報は，開示当事者の財産**のままである**。

256	**property**（prá:pərti）	〈名〉財産，所有物

☐☐☐ intellectual **property** right　知的**財産**権
the **property** of the Buyer　買主の財産
real **property**　不動産
personal **property**　動産

257	**certify** (sə́ːrtəfài)	〈他〉を証明する

☐☐☐ Upon the Disclosing Party's written request, the Receiving Party shall promptly return all Confidential Information, or certify its destruction in writing.
開示当事者の書面の要求により，受領当事者は，ただちにすべての秘密情報を返還する，または書面でその破棄を証明しなければならない。

258	**alteration** (ɔ̀ːltəréiʃən)	〈名〉変更

☐☐☐ protect the Confidential Information from unauthorized access, use, disclosure, alteration, loss and destruction
不当なアクセス，使用，開示，変更，損失，および破壊から秘密情報を保護する
alter (ɔ́ːltər) 〈他〉…を変える

259	**prototype** (próutətàip)	〈名〉試作品

☐☐☐ a prototype of the machinery and equipment
機械および機器の試作品

260	**label** (léibl)	〈他〉にラベルを付ける

☐☐☐ the document labeled "Confidential" or other similar designation
「機密」または他の同様の指定を付けられた文書

261	**identify** (aidéntəfài)	〈他〉を特定する

☐☐☐ If the Confidential Information is disclosed orally or visually, the Disclosing Party shall identify the Confidential Information as confidential at the time of disclosure or within a reasonable time thereafter.
もしも秘密情報が口頭または視覚的に開示される場合には，開示当事者は，秘密情報をその開示の時点で，またはその後合理的期間内に，秘密として特定しなければならない。
identification (aidèntəfikéiʃən) 〈名〉特定すること，特定

262	**return** (ritə́ːrn)	〈他〉…を返還する，返す

☐☐☐ The Receiving Party shall return or destroy the Confidential Information in accordance with the Disclosing Party's instruction.
受領当事者は，開示当事者の指示に従い，秘密情報を返還または破棄しなければならない。

263	**destroy** (distrɔ́i)	〈他〉…を破壊する，破棄する

□□□ destroy the Confidential Information and the copies
秘密情報およびその写し**を破棄する**

264	**destruction** (distrʌ́kʃən)	〈名〉破壊，破棄

□□□ destruction of all Confidential Information
すべての秘密情報の**破壊**

265	**acknowledge** (əkná:lidʒ)	〈他〉…を認識する，…を理解する

□□□ ▶契約書に定められる条文の大部分は，契約当事者の権利・義務・責任に関するものですが，それらの前提となる事実を契約当事者が認識している旨を表す定めが置かれることもあります。そのような条文で使われるのが，このacknowledgeです。acknowledgeを使う場合は，契約当事者に義務を課すわけではないので，shall acknowledgeとはしません。また，acknowledgeの代わりに，または一緒に，recognize (rékəgnàiz) やunderstandが使われることがあります。

The Receiving Party **acknowledges** that any breach of this Agreement would cause irreparable damage for which monetary damages would not be an adequate remedy.
受領当事者は，本契約の違反が，金銭的な損害賠償金額では十分な救済とならない回復困難な損害を引き起こすであろうこと**を認識している。**

266	**recognize** (rékəgnàiz)	〈他〉…を認識する，…を理解する

□□□ The Purchaser and the Supplier **recognize** that time is of the essence under this Contract.
買主および供給者は，本契約に基づき，期間厳守であること**を認識している。**

267	**cause** (kɔ́:z)	〈他〉…を引き起こす

□□□ cause irreparable damage　回復困難な損害**を引き起こす**

268	**irreparable** (irépərəbl)	〈名〉回復困難な

□□□ irreparable damage　**回復困難な**損害

269	**adequate** (ǽdikwət)	〈形〉十分な

□□□ adequate remedy　**十分な**救済
反義語はinadequate (inǽdəkwət)

270	**sufficient** (səfíʃənt)	〈形〉十分な

☐☐☐ sufficiently (səfíʃəntli) 〈副〉十分に
sufficiency (səfíʃənsi) 〈名〉十分であること

271	**remedy** (rémədi)	〈名〉救済

☐☐☐ ▶契約上の義務（obligation）に違反（failure）された当事者が被る損害（damage）を補塡する行為を救済（remedy）と呼びます。

272	**accordingly** (əkɔ́ːrdiŋli)	〈副〉したがって，それゆえに

☐☐☐ ▶通常，文頭に置いて，後に続く内容が前の内容の結果であることを示すために使われます。

273	**therefore** (ðéərfɔ̀ːr)	〈副〉したがって，それゆえに

☐☐☐ ▶accordinglyの同義語です。therefor＝for that（そのための）と間違えないように注意しましょう。

274	**injunction** (indʒʌ́ŋkʃən)	〈名〉差止め

☐☐☐ obtain an injunction　差止命令を得る
▶injunctionとは？→重要事項(7)へ

275	**injunctive relief/remedy**	差止めによる救済

☐☐☐ The Disclosing Party is entitled to injunctive relief.
開示当事者は，差止めによる救済を得ることができる。
The Disclosing Party may seek injunctive remedy.
開示当事者は，差止めによる救済を求めることができる。

276	**enjoin** (indʒɔ́in)	〈他〉…を禁じる

☐☐☐ an injunction enjoining any breach of this Agreement
本契約の違反を禁じる差止め
enjoin the use of the patent　特許の使用を禁じる（差し止める）

277	**threatened** (θrétnd)	〈形〉脅かされている，危険が迫っている

☐☐☐ actual or threatened breach of the obligations under this Agreement
本契約に基づく義務の実際の違反または違反のおそれ
the breach or threatened breach of this provision
この条文の違反または違反のおそれ

278	**impending** (impéndiŋ)	〈形〉差し迫った，切迫している

279	**competent** (ká:mpətnt)	〈形〉権限がある

☐☐☐ <u>competent</u> jurisdiction　権限ある管轄

280	**jurisdiction** (dʒùərisdíkʃən)	〈名〉管轄権

☐☐☐ exclusive <u>jurisdiction</u>　排他的**管轄権**
an injunction from any court of competent <u>jurisdiction</u>
正当な**管轄権**を有する裁判所からの差止命令

281	**in addition to**	…に加えて

☐☐☐ <u>in addition to</u> any other remedy available
行使可能な他の救済に**加えて**

282	**export** (ékspɔːrt)	〈名〉輸出

☐☐☐ the <u>export</u> of technical information　技術情報の**輸出**

283	**import** (ímpɔːrt)	〈名〉輸入

☐☐☐ applicable export and <u>import</u> laws
適用される輸出および**輸入**に関する法律

284	**opinion** (əpínjən)	〈名〉意見

☐☐☐ legal <u>opinion</u>　弁護士の見解書

285	**publication** (pʌbləkéiʃən)	〈名〉出版物，発表

☐☐☐ Each party shall not issue any comment, opinion, information, **publication**, documents or article (whether written or oral) concerning the Project in any media without the prior approval of the other party.
各当事者は，他方当事者の事前の同意なしに，何らかの媒体でこのプロジェクトに関し，書面であろうが口頭であろうが，コメント，意見，情報，**出版物**，文書または記事を発行してはならない。

286	**survive** (sərváiv)	〈自〉**生き残る，存続する** 〈他〉**…を生き延びる**

☐☐☐ The obligations under this Agreement shall <u>survive</u> the expiration or termination of this Agreement.
本契約に基づく義務は，本契約の満了または解除の場合にも**存続する**。

287	**perpetual** (pərpétʃuəl)	〈形〉永久の，永続の

☐☐☐ Notwithstanding the expiration of this Agreement, the Receiving Party's obligations with respect to the Confidential Information under this Agreement are <u>perpetual</u>.

本契約の満了にかかわらず，本契約に基づく秘密情報に関する受領当事者の義務は，<u>永続する</u>ものとする。

基本①

基本②

秘密保持

売買・業務委託

販売店

共同研究開発

ライセンス

合弁

株式譲渡

一般条項

その他重要事項

| **第4章** | 売買契約・業務委託契約の英単語 | 288▶658 |

当事者関係

288	**seller** (sélər)	〈名〉売主
□□□	▶売買契約で「売主」を表す最も一般的な表現。	

289	**supplier** (səpláiər)	〈名〉供給者
□□□	▶sellerの代わりに「売主」を表すためによく用いられます。	

290	**contractor** (ká:ntræktər)	〈名〉請負者，コントラクター
□□□	▶請負契約で「請負者」を表す最も一般的な表現。	

291	**buyer** (báiər)	〈名〉買主
□□□	▶売買契約で「買主」を表す最も一般的な表現。	

292	**purchaser** (pé:rtʃəsər)	〈名〉購入者
□□□	▶buyerの代わりに「買主」を表すためによく用いられます。	

293	**employer** (implóiər)	〈名〉発注者，注文者，雇用者
□□□	▶請負契約で「発注者」を表す最も一般的な表現。	

294	**owner** (óunər)	〈名〉発注者，注文者
□□□	▶建設契約で「発注者」を表す際に用いられることがあります。	

295	**subcontractor** (sʌbkəntræktər)	〈名〉下請業者
□□□	▶工事を含む仕事を請け負う下請業者を表す際に用いられます。	

296	**vender** (véndər)	〈名〉下請業者
□□□	▶部品供給を請け負う下請業者を表す際に用いられます。	

297	**manufacturer** (mænjəfæktʃər)	〈名〉製造業者
□□□	▶「を製造する」はmanufactureである点に注意（最後の「r」の有無）。	

298	**sales and purchase agreement**	売買契約

□□□ ▶モノやサービスなどを提供し，それに対して対価が支払われる契約で，秘密保持義務に次いで企業間で取り交わされる頻度が最も多いと思われる契約です。売買契約は対価の支払がある他の契約の基本となるものです。例えば，製造物供給契約や建設契約などの請負契約もその大部分は売買契約の内容と重なります。また，M&Aと呼ばれる株式譲渡契約は，株式を売買するものなので，やはり売買契約の理解が基本となります。契約業務に関わる人は，まずは秘密保持契約と売買契約を理解することを目指しましょう。

299	**sales agreement**	売買契約

□□□ ▶売買契約をSales Agreementと書き表すこともあります。なお，契約のタイトルには法的拘束力はありません。

製品関係

300	**product** (prá:dəkt)	〈名〉製品，商品

□□□ ▶売買契約の対象となる製品・商品を表すために用いられる表現。

301	**goods** (gúdz)	〈名〉製品，商品

□□□ ▶productの代わりに用いられることがよくあります。sのないgoodに「製品」という意味はない点に注意してください。

302	**equipment** (ikwípmənt)	〈名〉機器

□□□ ▶数えられない名詞ですので，複数の機器を表す際にもsを付けてequipment**s**とはならないので注意してください。

303	**service** (sə́:rvəs)	〈名〉サービス，役務

□□□ ▶形あるモノではなく，無形の役務・サービスを意味します。

304	**CISG**	国際物品売買契約に関する国際連合条約

□□□ ▸ United Nations Convention on Contracts for the International Sales of Goodsの略。

「ウィーン売買条約」とも呼ばれます。国境を越えて行われる物品の売買に関する条約です。日本はこの条約を批准していますので，契約相手の所在地国がこの条約を批准していなくても，原則としてこの条約が契約に適用されることになります。CISGの適用を排除するには，その旨を以下のように契約に明記することが必要です。

The application of the United Nations Convention on Contracts for the International Sales of Goods (1980) to this Agreement is excluded.

国際物品売買契約に関する国際連合条約は本契約に適用されない。

▸この条約に関する判例はそう多くないので，文言の解釈について争いになった場合にどのような結論となるか読めない部分があり，適用を排除しておくほうが無難かもしれません。

取引の流れ関係

305	**design**（dizáin）	〈名〉設計　〈他〉…を設計する

□□□ the design of the Products　製品の設計

306	**drawing**（drɔ́:iŋ）	〈名〉図面，製図

□□□ A detailed <u>drawing</u> shall be provided to the Purchaser for approval before construction begins.
詳細設計<u>図面</u>は建設開始前に承認を得るために，買主に提供されなければならない。

307	**engineering**（èndʒəníəriŋ）	〈名〉エンジニアリング，設計

□□□ <u>engineering</u> service　エンジニアリングサービス
engineer（èndʒəníər）〈他〉を設計する，を建設する

308	**procure**（prəkjúər）	〈他〉…を調達する

□□□ <u>procure</u> materials　材料<u>を調達する</u>

309	**procurement**（prəkjúərmənt）	〈名〉調達

□□□ <u>procurement</u> procedures　調達手続

310	**manufacture**（mæ̀njəfǽktʃər）	〈他〉を製造する

□□□ <u>manufacture</u> the Products　製品<u>を製造する</u>

311	**manufacturing** (mænjəfǽktʃəriŋ)	〈名〉製造

□□□ manufacturing of the Goods　製品の**製造**
the manufacturing industry　製造業

312	**lead time**	リードタイム，調達期間

□□□ ▶売買契約で売主が買主から発注書を受領後，製品の引渡しまでに最低限必要となる期間を意味します。

313	**construction** (kənstrʌ́kʃən)	〈名〉建設，解釈

□□□ construction activities　建設作業
▶「解釈」という意味もある点に注意しましょう（No.341，No.1005を参照）。

314	**construct** (kənstrʌ́kt)	〈他〉…を建設する

□□□ construct the Plant　プラント**を建設する**
▶プラントなどの複雑なものを建設する際に用いられることが多いです。buildよりもフォーマルな表現といえます。

315	**erect** (ilékt)	〈他〉…を建築する

□□□ ▶高い塔などを立てる場合に使われることが多いです。

316	**build** (bíld)	〈他〉…を建設する

□□□ ▶家を建てる場合など，あまり複雑ではないものを建設する際に用いられることが多いです。constructのほうがフォーマルな表現といえます。

317	**fabricate** (fǽbrikèit)	〈他〉を組み上げる，組み立てる

□□□ fabricate equipment　機器**を組み立てる**

318	**fabrication** (fæbrikéiʃən)	〈名〉製作，組み立て

□□□ fabrication of the Plant　プラントの**組み立て**

319	**install** (instɔ́:l)	〈他〉を据え付ける

□□□ The Contractor shall install the Product in accordance with the Specification and Drawings.
請負者は，仕様書および設計図面に従い，製品**を据え付け**なければならない。

320	**installation** (instəléiʃən)	〈名〉据え付け

□□□ installation of the Product in the required place
要求された場所への製品の**据え付け**

321	**deliver** (dilívər)	〈他〉…を引き渡す
☐☐☐	The Seller shall **deliver** the Product to the Purchaser on or before the Deadline. 売主は，納期までに，買主に製品<u>を引き渡さ</u>なければならない。	

322	**delivery** (dilívəri)	〈名〉引渡し
☐☐☐	the <u>delivery</u> of the Product　製品の<u>引渡し</u>	

323	**ship** (ʃíp)	〈他〉…を出荷する，…を送る
☐☐☐	<u>ship</u> products　製品<u>を出荷する</u>	

324	**shipment** (ʃípmənt)	〈名〉船積み，出荷
☐☐☐	<u>shipment</u> of the Goods　製品の<u>出荷</u>	

325	**transport** (trænspɔ́ːrt)	〈他〉を輸送する
☐☐☐	<u>transport</u> the Product　製品<u>を輸送する</u>	

326	**transportation** (trænspərtéiʃən)	〈名〉輸送
☐☐☐	<u>transportation</u> of the Goods　製品の<u>輸送</u>	

327	**complete** (kəmplíːt)	〈他〉を完成させる
☐☐☐	<u>complete</u> the Work　仕事<u>を完成させる</u>	

328	**completion** (kəmplíːʃən)	〈名〉完成
☐☐☐	<u>completion</u> of the Work　仕事の<u>完成</u>	

329	**deadline** (dédlàin)	〈名〉期限，納期
☐☐☐	The Seller shall deliver the Product to the Purchaser by the <u>Deadline</u>. 売主は，<u>納期</u>までに買主に製品を引き渡さなければならない。	

330	**inspect** (inspékt)	〈他〉を検査する
☐☐☐	The Supplier shall **inspect** the Product in accordance with the Specifications. 供給者は，仕様書に従って製品<u>を検査</u>しなければならない。	

331	**inspection** (inspékʃən)	〈名〉検査
☐☐☐	<u>inspection</u> of the Product　製品の<u>検査</u>	

332	**test** (tést)	〈他〉を試験する　〈名〉試験

☐☐☐ The Contractor shall **test** the Goods pursuant to the Specifications.
請負者は，仕様書に従って製品**を試験**しなければならない。

▶testは検収できるか否かを確認するためのもので，一方，inspectionは製造の一過程である場合が多いです。

333	**trial operation** (à:pəréiʃən)	試運転

☐☐☐▶性能試験の一環として，製品を試しに運転し，製品が仕様書に記載されている性能・機能を満たしているのかを確認します。

334	**taking over**	〈名〉検収

☐☐☐▶売主が提供した製品が仕様書に合致しているかを確認後に買主が製品を受け取ることをいいます。
The Purchaser shall issue the **Taking Over** Certificate to the Seller as a proof of the final acceptance of the Product.
買主は，製品の最終承認の証明として，売主に**検収**証明書を発行しなければならない。

335	**take over**	を検収する

☐☐☐ The Product is **taken over** by the Buyer.
製品が買主によって**検収される**。

インコタームズ

336	**Incoterms**	〈名〉インコタームズ

☐☐☐▶国際商業会議所が作った貿易条件で，international commerce terms の略称です。1936年以来改訂を重ねており，最新版は2020年度版です。かつて，貿易に関する様々な用語が国によって異なっていたため，国際間の貿易に支障が生じていました。それを解消するために国際的に統一した定義として作られたのがこのインコタームズです。

▶インコタームズをまとめたものは重要事項(8)を参照。
The trade terms "CIF" shall be interpreted in accordance with **INCOTERMS 2020**.
貿易条件CIFは，**インコタームズ2020年度版**に従って解釈される。

337	**trade** (tréid)	〈名〉貿易，取引

☐☐☐ **trade** terms　**貿易**条件

338	**term** (tə́:rm)	〈名〉①用語，②期間，③「terms」で条件
□□□	definition of <u>term</u>　<u>用語</u>の定義 the <u>term</u> of this Contract　本契約の<u>期間</u> <u>terms</u> and conditions　<u>条件</u>	

339	**interpret** (intə́:rprət)	〈他〉…を解釈する
□□□	The trade terms "CIF" shall be <u>interpreted</u> in accordance with INCOTERMS 2020. 貿易条件CIFは，インコタームズ2020年度版に従って<u>解釈される</u>。	

340	**CIF**	運賃保険料込み条件
□□□	▶インコタームズの１つ。<u>C</u>arriage, <u>I</u>nsurance and <u>F</u>reightの略称。 FOB・CIFとFCA・CIPの違いは？→重要事項(9)へ	

341	**interpretation** (intə̀:rprətéiʃən)	〈名〉解釈
□□□	<u>interpretation</u> of the trade terms　貿易条件の<u>解釈</u>	

342	**insurance** (inʃúərəns)	〈名〉保険
□□□	▶保険とは，偶然に発生する事故（保険事故）によって生じる財産上の損失に備えて，多数の者が金銭（保険料）を出し合い，その資金によって，事故が発生した者に金銭（保険金）を給付するための制度。 <u>insurance</u> policy　保険証券 certificate of <u>insurance</u>　保険証書 premium　〈名〉保険料，掛け金 <u>insurance</u> agent　保険代理店 deductible 〈名〉免責額：被保険者の自己負担額。一定金額以下の損害について，被保険者が保険会社に請求できずに自己負担するものとして設定される金額。 <u>insurance</u> company　保険会社 provide <u>insurance</u>　保険を付す maintain <u>insurance</u>　保険を維持する <u>insurance</u> coverage　保険のカバー範囲	

343	**port of destination** (dèstənéiʃən)	目的地の港
□□□	<u>The port of destination</u> shall be Yokohama Port. <u>目的地の港</u>は横浜港とする。	

344	**estimate** 動 (éstəmèit) 名 (éstəmət)	〈他〉…を見積る 〈名〉見積り，概算

□□□ non-binding **estimates**　法的拘束力のない**見積り**
estimate the total project cost including but not limited to the following:
以下を含むがそれに限られないプロジェクトの総コスト**を見積る**

345	**estimated** (éstəmèitəd)	〈形〉見積られた

□□□ The **estimated** cost for service under this Agreement is USD 1million.
本契約に基づくサービスにかかる**見積**費用は百万米ドルである。

346	**estimation** (èstəméiʃən)	〈名〉見積り

□□□ an **estimation** of damage　損害の**見積り**
▶「の見積りを行う」は，make an estimation ofとは記載せず，make an estimate ofとなります。

347	**quote** (kwóut)	〈他〉を見積る

□□□ an amount **quoted** by the Supplier
供給者によって**見積**られた金額

348	**quotation** (kwoutéiʃən)	〈名〉見積り，見積価格

□□□ a written **quotation**　書面の**見積り**
▶本見積りの場合はquotation，一方，仮見積りの場合はestimateが使われることが多いです。実際，入札の際に使われる「見積り要求」は，request for **quotation** (RFQ) と表記され，request for estimateとは表記されません。
ご参考：request for proposal (RFP) 提案依頼書

349	**scope** (skóup)	〈名〉範囲，領域

□□□ "**Scope** of Work" means the work to be performed by the Contractor as described in the Specifications.
「仕事の**範囲**」とは，仕様書に記載されているように，請負者によって履行されるべき仕事を意味する。
scope of supply　供給の**範囲**
change of **scope**　（仕事の）**範囲**の変更

350	**contract price**	契約金額

☐☐☐ The Purchaser shall pay the <u>Contract Price</u> to the Seller in accordance with the Payment Terms specified in Article 5 hereof.
買主は，本契約の第5条に定められている支払条件に従って売主に**契約金額**を支払わなければならない。

351	**purchase price**	購入金額

☐☐☐ ▶contract priceの代わりに用いられることがあります。

352	**firm** (fə́:rm)	〈形〉変動しない　〈名〉事務所

☐☐☐ The Contract Price is <u>firm</u> and final.
契約金額は，**確定的**かつ最終的なものである。
▶契約締結時に売主が得られる契約金額が決まり，その後は原則として，材料費や労務費などが増えても契約金額にその分が上乗せされないことを表します。特に大型機器の供給契約や建設契約では，同様の意味の表現として，a fixed price（固定価格）やlump sum（総額・一括）などがあります。
a law <u>firm</u>　法律**事務所**
an accounting <u>firm</u>　会計**事務所**

353	**cost plus fee**	実費プラス報酬

☐☐☐ ▶fix priceやlump sum契約とは異なり，請負契約において，請負人が仕事を行う際に実際にかけた費用に一定の金額を利益として上乗せしたものを契約金額とする契約金額の定め方。理論的には，請負人はかかった費用を全額発注者に負担してもらえることになりますが，実際には，請負人はかかった費用の証拠を発注者に示す必要があり，もしもそれができない場合には請負人は費用を支払ってもらえないことになりえます。

354	**reimburse** (rì:imbə́:rs)	〈他〉を払い戻す

☐☐☐ The Contractor shall <u>reimburse</u> the expenses to the Purchaser.
請負者は，買主に対して，その費用**を払い戻さ**なければならない。

355	**reimbursement** (rì:əmbə́:rsmənt)	〈名〉払戻，償還

☐☐☐ the <u>reimbursement</u> of expenses　費用の**払戻**，費用の**償還**

356	**bear** (béər)	〈他〉を負担する

☐☐☐ The Seller shall <u>bear</u> all taxes imposed on the Product.
売主は，製品に課されるあらゆる税金**を負担し**なければならない。

357	**equal to** (íːkwəl)	に等しい
□□□	an amount **equal to** 100% of the Contract Price 契約金額の100%に等しい金額 ▶an amount of 100% of the Contract Priceでも同じ意味になります。	

358	**amount** (əmáunt)	〈名〉金額，総額　〈自〉合計〜に達する
□□□	the **amount** due to the Seller　売主に支払われるべき金額 amount to A　　Aに達する	

359	**sum** (sʌm)	〈名〉金額，総額
□□□	the **sum** payable by the Purchaser to the Seller 買主によって売主に支払われるべき金額	

360	**value** (vǽljuː)	〈名〉価値
□□□	the total **value** of the work executed as at the date of termination of this Contract 本契約の解除の日の時点までに行われた仕事のすべての価値	

361	**breakdown** (bréikdàun)	〈名〉内訳
□□□	a **breakdown** of estimated costs　見積費用の内訳	

362	**payment terms**	支払条件
□□□	The Purchaser shall pay the Contract Price to the Seller in accordance with the **payment terms** specified in Article 5 hereof. 買主は，本契約の第5条に定められている支払条件に従って売主に契約金額を支払わなければならない。 ▶payment conditionsでも同じ意味です。	

363	**currency** (kə́ːrənsi)	〈名〉通貨
□□□	foreign **currency** portion　外国通貨部分 local **currency** portion　現地通貨部分	

364	**adjust** (ədʒʌ́st)	〈他〉…を調整する
□□□	The Contract Price shall be **adjusted**. 契約金額が調整される。	

365	**adjustment** (ədʒʌ́stmənt)	〈名〉調整
□□□	the **adjustment** to the Contract Price　契約金額の調整	

366	**cover**（kʌ́vər）	〈他〉を含める，に及ぶ

☐☐☐ The Contract Price <u>covers</u> all the Contractor's obligations under this Contract.
契約金額は，本契約に基づく請負者のあらゆる義務<u>を含む</u>。

367	**recover**（rikʌ́vər）	〈他〉を回復する，を回収する

☐☐☐ The Purchaser may <u>recover</u> the damages from the Seller.
買主は，売主から，損害賠償金額<u>を回収する</u>ことができる。

368	**pay**（péi）	〈他〉を支払う

☐☐☐ The Purchaser shall <u>pay</u> the Contract Price to the Seller.
買主は，売主に契約金額<u>を支払わ</u>なければならない。

369	**payment**（péimənt）	〈名〉支払

☐☐☐ <u>payment</u> of the Contract Price　契約金額の<u>支払</u>

370	**set off**	〈他〉を相殺する

☐☐☐ The Contractor may <u>**set off**</u> any amount due to the Subcontractor against any obligation or debt the Subcontractor owes to the Contractor in connection with the Subcontract.
請負業者は，下請契約に関連して，下請業者が請負業者に対して負っている義務または負債に対して，下請業者に支払うべき金額と<u>相殺する</u>ことができる。
▶相殺とは？→重要事項(10)へ

371	**offset**（ɔ́ːfsèt）	〈名〉相殺　〈他〉を相殺する

☐☐☐ <u>offset</u> amount　相殺金額
<u>offset</u> of payment obligation　支払義務の<u>相殺</u>

372	**owe**（óu）	〈他〉を負っている，を支払う義務がある

☐☐☐ any obligation the Subcontractor <u>owes</u> to the Contractor
下請が請負者に対して<u>負う</u>義務

373	**interim payment**（íntərim）	中間払い

☐☐☐ If the Purchaser makes <u>an Interim Payment</u> to the Supplier,
買主が供給者に<u>中間払い</u>をする場合には，

374	**invoice** (ínvɔis)	〈名〉請求書，納品書，送り状

□□□ The Seller shall provide the **invoice** to the Buyer within 30 days after …

…のあと30日以内に，売主は，買主に対して**請求書**を提供しなければならない。

375	**bill** (bíl)	〈名〉請求書

□□□ ▶billも請求書ですが，billは一般的には飲食店などの請求書である一方で，invoiceは会社間の取引でやりとりされることが多いです。

英文契約書でbillが使われる場合は，bill of lading（売買契約における船荷証券→No.438を参照）やbill of quantity（建設契約における数量明細書＝建設業界での入札において使用される，材料，部品，および人件費が項目化されている文書）などがあります。

376	**due and payable** (péiəbl)	支払期限が到来した，支払われるべき

□□□ an amount **due and payable** in accordance with this Contract

本契約に従って**支払われるべき**金額

an amount **due** in accordance with this Contractのようにdueのみでも同じ意味になります。

377	**in full** (fúl)	全額

□□□ from due date until paid **in full**

支払期限日から**全額**支払われる日まで

378	**installment** (instɔ́:lmənt)	〈名〉分割払い（の１回分の支払）

□□□ the first **installment** 最初の**分割払い**

the number and timing of **installments**

分割払いの回数とタイミング

the third **installment** equal to ten percent of the Contract Price

契約金額の10%に等しい３回目の**分割払い**

379	**unpaid** (ʌnpéid)	〈形〉未払いの

□□□ any sum due and payable but **unpaid** by the Purchaser under this Contract

本契約に従い，買主によって支払われるべきだが，**未だ支払われていない**金額

380	**overdue**	〈形〉支払期限が過ぎた
☐☐☐	overdue amounts　支払期限が経過した金額 overdue interest　遅延利息	

381	**undisputed** (ʌndispjúːtəd)	〈形〉争いのない
☐☐☐	payment of undisputed amounts　争われていない金額の支払	

382	**interest** (íntərəst)	〈名〉利子, 利息, 権利, 利益
☐☐☐	The rate of interest for the delay payment shall be 3% per annum from the due date until paid in full. 支払遅延の遅延利息のレートは, 支払期限日から全額支払われるまでの間, 年間3%とする。 ▶interestは, 「権利」や「利益」といった意味で用いられることもあるので文脈で判断する必要があります。	

383	**financing charge**	金融費用　（支払利息）
☐☐☐	▶企業が資金調達に要する費用。具体的な中身は, 企業によって異なります。	

384	**discount rate** (dískaunt)	基準割引率および基準貸付利率
☐☐☐	▶日本銀行や米国の連邦準備銀行などの中央銀行が, 商業銀行に対して貸し出す際に適用する金利。かつては日本では公定歩合と呼ばれていましたが, 現在は「基準割引率および基準貸付利率」と名称が変わりました。他に, 割引率＝有価証券などの将来価値から現在価値を算定するときの割合という意味もあります。	

385	**accrue** (əkrúː)	〈自〉生じる, （利子が）つく
☐☐☐	▶利子が生じる際に使われることが多いです。一方, 不可抗力が生じるや検収が生じるといった場合にはaccrueは使われず, occurが用いられるのが通常です。 All amounts remaining unpaid thirty (30) days after the due date shall accrue interest from the due date until paid in full at a rate of 1.5% per month. 支払期限日から30日間未払いの金額は, 支払期限日から全額支払われるまで, 毎月1.5%の利息が生じる。	

386	**per annum** (ǽnəm)	1年につき
☐☐☐	per annum rate　年率 at 5% per annum　年率5％で	

387	**escrow** (éskrou)	〈名〉エスクロー，預託

□□□ ▶エスクローとは？→重要事項(11)へ
　　　escrow account　**エスクロー（第三者預託）**口座

388	**account** (əkáunt)	〈名〉口座

□□□ bank account　銀行**口座**

389	**designate** (dézignèit)	〈他〉を指定する

□□□ the bank account designated by the Seller
　　　売主によって**指定される**銀行口座

390	**telegraphic transfer** (tèləgrǽfik)	電信送金，送金一般（略してTT）

□□□ The Purchaser shall pay the Contract Price to the bank
　　　account designated by the Seller by the telegraphic transfer.
　　　買主は，売主によって指定される銀行口座に，**電信送金**によって契約金額
　　　を支払わなければならない。
　　　remittance (rimítəns)　送金，送金額

391	**wire transfer**	電信送金（略してWT）

□□□ ▶SWIFTを用いた電信送金を指します。SWIFTとは？→重要事項(12)へ
　　　All payments under this Agreement shall be made by wire-
　　　transfer.
　　　本契約に基づくすべての支払は，**電信送金**によって行われる。

392	**increase**　名(ínkri:s) 動(inkrí:s)	〈名〉増加　〈自〉増加する

□□□ increase in the Contract's costs　請負者の費用の**増加**
　　　In the event that the total cost of the Project increases or
　　　decreases by greater than ten percent (10%)
　　　プロジェクトの総コストが10%を超えて**増**減した場合には

393	**decrease**　名(dí:kri:s) 動(di:krí:s)	〈名〉減少　〈自〉減少する

□□□ The Contract Price shall be adjusted based on actual increases
　　　or decreases in material cost.
　　　契約金額は，材料費の実際の増**減**に基づいて調整される。

394	**profit** (prá:fət)	〈名〉利益

□□□ the percentage for overhead and profit to be used in calculating
　　　additional changes in the Work
　　　仕事の追加的な変更を算出する際に使われる間接費と**利益**のための割合

395	**margin** (máːrdʒin)	〈名〉利益，利益率

□□□ ▶英文契約書ではあまり出てきませんが，利益率を表す単語として使われます。
gross profit <u>margin</u> 売上総利益率
revenueは収益や売上を意味します。
revenue（収益）－ expense（費用）＝ profit（利益）
gainは偶発的に得られた利益の意味でよく使われ，持っていたモノの価値が偶然上昇することにより，利ザヤを得た場合によく使われる表現です。

396	**balance** (bǽləns)	〈名〉残り

□□□ The <u>balance</u> of the Purchase Price shall be paid in cash at the end of the Defect Liability Period.
購入金額の<u>残り</u>は，契約不適合期間満了時点で現金で支払われる。

397	**outstanding** (àutstǽndiŋ)	〈形〉未払いの，未完の

□□□ the aggregate (principal) <u>outstanding</u> amount
累積した<u>未払い</u>金額
<u>outstanding</u> work　未完成の仕事

コスト関係

398	**cost** (kɔ́st)	〈名〉費用

□□□ the additional <u>cost</u> incurred by the Seller　売主が被る追加<u>費用</u>
material <u>cost</u>　材料<u>費</u>

399	**expense** (ikspéns)	〈名〉費用

□□□ the additional <u>expense</u> incurred by the Purchaser
買主が被る追加<u>費用</u>
including legal <u>expense</u> and expenditure　弁護士<u>費用</u>を含む

400	**expenditure** (ikspénditʃər)	〈名〉費用

□□□ <u>expenditure</u> reasonably incurred by the Purchaser
買主が合理的に被る<u>費用</u>

401	**out-of-pocket**	〈形〉自己負担費の

□□□ <u>out-of-pocket</u> cost　<u>自己負担</u>費用

402	**at one's cost**	…の費用負担で
□□□	at the Purchaser's cost　買主の費用負担で	

▶次のように，at one's own costと記載されることもあります。
The Seller shall rectify the defect **at its own cost**.
売主は<u>自己の費用負担で</u>不適合を修理しなければならない。

403	**at one's expense**	の費用負担で
□□□	at the Seller's expense　売主の費用負担で	

404	**additional** (ədíʃənl)	〈形〉追加の
□□□	claims for <u>additional</u> cost　追加費用の請求	

405	**add** (ǽd)	〈他〉…を追加する
□□□	any amounts to be <u>added</u> for changes in cost 費用の変更により<u>追加される</u>べき金額	

406	**material** (mətíəriəl)	〈名〉材料，資料　〈形〉重大な
□□□	<u>material</u> cost　材料費 information <u>material</u>　情報資料 <u>material</u> breach　重大な違反	

407	**freight cost** (fréit)	輸送費
□□□	<u>freight cost</u> for the Product delivered to the Purchaser 買主に引き渡される製品の<u>輸送費</u>	

408	**labor cost** (léibər)	労務費 (製品の製造・生産に関わる人に支払う人件費)
□□□	direct <u>labor cost</u>　直接<u>労務費</u> annual <u>labor cost</u>　年間の<u>労務費</u>	

409	**warehouse cost** (wéərhàus)	倉庫コスト

410	**overhead** (óuvərhèd)	〈名〉間接費，諸経費
□□□	▶overheadだけでも間接費の意味ですが，<u>overhead</u> costsと記載することもあります。 head office <u>overhead</u>　本社経費 本社経費とは？→重要事項(13)へ	

| 411 | **fee** (fíː) | 〈名〉（専門職に対する）報酬，手数料 |

□□□ lawyer's fees　弁護士費用
▶feeには，専門的なアドバイスやサービスに対して支払われるものという意味があります。

| 412 | **charge** (tʃɑːrdʒ) | 〈名〉税金，課徴金，手数料，使用料
〈他〉を請求する |

□□□ 10% service <u>charge</u>　10%のサービス<u>料</u>
an extra <u>charge</u>　追加<u>料金</u>
free of <u>charge</u>　無<u>料</u>
at no <u>charge</u>　無<u>料</u>で
<u>charge</u> a fee　料金<u>を請求する</u>

| 413 | **fine** (fáin) | 〈名〉罰金，科料 |

□□□ ▶法律に違反した場合に支払を強制されるもの。違約罰を意味するpenaltyや損害賠償金額を意味するdamagesとは異なります。

| 414 | **tax** (tǽks) | 〈名〉税金 |

□□□ a <u>tax</u> authority　税務当局
tax→関税以外の税金→income <u>tax</u>　所得税/corporate <u>tax</u>　法人税/
withholding income <u>tax</u>　源泉所得税
tax freeとは，通常，消費税が免除されていることを意味します。
duty→関税
customs→関税の意味もありますが，通常は関税を徴収する役所である税関を表します。
customs duty　関税
tariff→関税の意味もありますが，通常は関税の税率表を表します。
tariff duty　関税

| 415 | **levy** (lévi) | 〈名〉税金　〈他〉を課す |

□□□ a fine or penalty <u>levied</u> against A by any governmental entity
政府組織によってAに対して<u>課される</u>罰金またはペナルティ

| 416 | **impose** (impóuz) | 〈他〉を課す |

□□□ a tax <u>imposed</u> by applicable law
適用される法律によって<u>課される</u>税金

417	**exemption** (igzémpʃən)	〈名〉免除，免責

□□□ **exemption** from customs duty　関税の**免除**

▶「免責」を表す表現はいくつかありますが，概ね以下のように使われています。

exemptionは税の免除

release/relieveは契約上の義務・責任の免除

The Contractor shall not be **relieved** of liability to the Purchaser for damage sustained by the Purchaser caused by any breach of this Contract by the Contractor.

請負者は，請負者による本契約の違反によって引き起こされる買主が被る損害についての買主への責任から**免責され**ない。

The acceptance by the Employer of the Product shall not **release** the Contractor from all claims and liability that the Contractor has relating to this Agreement

発注者による製品の受領は，請負者が本契約に関して負担する請求および責任から**免責**しない。

hold harmlessはindemnifyと共に用いられ，「第三者からの請求」からの免責という場合。

dischargeも「（契約上の義務や責任）を免責する」ですが，「果たす」という意味もあるので契約書で用いられるとやや混乱を招きやすいです。文脈で意味を判断する必要があるので，自分からは積極的に使わないほうがよい単語だと考えます。

LC関係

418	**letter of credit** (krédit)	信用状

□□□ ▶略してLC（エルシー）と呼ばれます。

open/establish a **letter of credit**　**信用状**を開設する

419	**at sight**	一覧払い

□□□ ▶代金決済をする際の期日の種類の1つで，提示されたら，猶予期間なく，すぐに支払わなければならないという意味。

at sight letter of credit　**一覧払**信用状

420	**commercial letter of credit**	商業信用状

□□□ ▶売買契約における対価の支払方法として用いられるLCです。商業信用状の仕組みは？→重要事項(14)へ

| 421 | **standby letter of credit** (stǽndbài) | スタンドバイ・レターオブクレディット |

□□□ ▶銀行保証状（Bank Guarantee）と実質的に同じ役割を果たすLCです。Standby LCの仕組みは？→重要事項(15)へ

| 422 | **establish** (istǽbliʃ) | 〈他〉を開設する，を立証する |

□□□ establish a letter of credit　信用状を開設する

| 423 | **establishment** (istǽbliʃmənt) | 〈名〉開設，立証 |

□□□ establishment of a letter of credit　信用状の開設

| 424 | **open** (óupən) | 〈他〉…を開く |

□□□ ▶LCを開設することを表す際に，establishの代わりに使われることがあります
open a letter of credit　信用状を開設する

| 425 | **in favor of** (féivər) | …を受取人として，受益者として |

□□□ The Purchaser shall open a letter of credit in favor of the Seller.
買主は，売主を受取人としてLCを開設しなければならない。

| 426 | **irrevocable** (irévəkəbl) | 〈形〉取消不能な |

□□□ an irrevocable letter of credit　取消不能信用状
▶LC発行銀行が一度発行したLCを売主の同意なく解約や修正することができないLCのことです。

| 427 | **revocable** (révəkəbl) | 〈形〉取消可能な |

□□□ a revocable letter of credit　取消可能信用状

| 428 | **confirmed** (kənfə́ːrmd) | 〈形〉確認された |

□□□ a confirmed letter of credit　確認信用状
▶LC発行銀行とは別の銀行（confirming bank：確認銀行）が，そのLCによる売主への支払について責任を負うLCです。これにより，仮にLC発行銀行が支払うことができなくなった場合でも，代わりに支払ってくれる確認銀行が別にあるということなので，売主にとってより安全となります。

| 429 | **through** (θruː) | 〈前〉（媒介・手段）…を通して |

□□□ issue a letter of credit through the bank designated by the Seller
売主が指定する銀行を通して信用状を発行する
through no fault of the Receiving Party　受領当事者の過失なくして

| 430 | **internationally** (intərnǽʃənəli) | 〈副〉国際的に |

□□□ The Purchaser shall open a letter of credit from an **internationally** reputed bank in the form approved by the Seller.
買主は，売主によって承認された形式で**国際的に**著名な（評価の高い）銀行から信用状を開設しなければならない。

| 431 | **reputed** (ripjúːtid) | 〈形〉有名な，著名な・評価の高い |

□□□ an internationally **reputed** bank　国際的に**著名な**（評価の高い）銀行

| 432 | **form** (fɔ́ːrm) | 〈形〉形式 |

□□□ in the **form** approved by the Seller　売主によって承認された**形式**で

| 433 | **beneficiary** (bènəfíʃieri) | 〈名〉信用状の受益者 |

□□□ ▶売買契約において，商業信用状の受益者となるのは売主です。

| 434 | **applicant** (ǽplikənt) | 〈名〉信用状の発行依頼者 |

□□□ ▶売買契約において，銀行へ商業信用状の発行を依頼するのは，買主です。

| 435 | **issuing bank** | 発行銀行 |

□□□ ▶信用状を発行する銀行です。issuerと書くこともあります。

| 436 | **advising bank** | 通知銀行 |

□□□ ▶信用状の発行を受益者である売主に通知する銀行です。

| 437 | **draft** (drǽft) | 〈名〉為替手形 |

□□□ ▶為替手形とは，輸出者が買取り業務（代金の回収業務）を行うときに作成し，輸出者が輸入者にお金を指定銀行に支払うように指図した手形です。
pay by draft　手形で払う
為替手形は他にbill of exchange（B/E）とも書きます。

| 438 | **bill of lading** (léidiŋ) | 船荷証券 |

□□□ ▶運送業者（海運業者・トラック輸送会社・航空会社など）が荷主に対して発行する，荷物を受け取ったことを証明する書類。
ここでのbillは「証券」，ladingは「船荷」という意味です。

| 439 | **invoice** (ínvɔis) | 〈名〉送り状，仕切り状 |

□□□ ▶商品を発送する時，荷送り人（売主）が荷受人（買主）に送る商品の明細書。

440	**packing list** (pǽkiŋ)	荷造目録，梱包明細書

□□□ ▶輸出または輸入される貨物の梱包明細のことで，何が，どの箱に，何個入っているのか，そして，重量，容積が記載されるものです。

441	**insurance certificate** (inʃúərəns)	保険証明書

□□□ ▶保険契約書（保険証券）をinsurance policyといい，この保険契約の存在と基本的な内容を証明するための文書をinsurance certificateといいます。商業信用状（commercial letter of credit）を使用する際には，売主は通常，insurance certificateを銀行に提出することが求められます。

納期遅延

442	**delay** (diléi)	〈名〉遅れ，遅延　〈他〉…を遅らせる

□□□ If the completion is delayed,　もしも完成が遅れたら，
delay suffered by the Contractor　請負者が被る遅れ
liquidated damages for delay in the delivery of the Product on or before the Deadline
納期までに製品を引き渡すのに遅れたことについてのLD

443	**liquidated damages**	予定された損害賠償金額

□□□ liquidated damages for delay
遅れに対する予定された損害賠償金額＝納期遅延LD
▶liquidated damagesとは？→重要事項(16)へ

444	**penalty** (pénəlti)	〈名〉ペナルティ，罰金，違約金

□□□ The Parties expressly agree that Liquidated Damages payable under this Contract do not constitute a penalty.
本契約に基づいて支払われる予定された損害賠償金額は，ペナルティではない旨を当事者間で明確に合意する。
▶liquidated damagesとpenaltyの違いは？→重要事項(17)へ

445	**punitive damages** (pjú:nətiv)	懲罰的損害賠償金額

□□□ waiver of punitive damages　懲罰的損害賠償金額の放棄
▶契約違反によって生じた損害を補填するためではなく，二度と契約に違反しないように罰として課されるものです。契約責任として懲罰的損害賠償の責任を相手に課すことは，英米法では禁止されています。ただ，不法行為責任として懲罰的損害賠償が課されることはあります。

446	**Time is of the essence** (ésns)	納期厳守，納期が絶対条件である

☐☐☐ <u>Time is of the Essence</u> with respect to all dates specified in this Agreement.

本契約に定められているすべての期日に関し，**期限は絶対条件**である。

▶Time is of the Essenceの詳しい内容は？→重要事項(18)へ

447	**harm** (háːrm)	〈名〉損害，損失

☐☐☐ No Harm No LD Clause　損害なければLDなし条項

harmless (háːrmləs)　〈形〉害のない（No.616を参照）

448	**sole and exclusive remedy**	唯一かつ排他的な救済

☐☐☐ The payment of the liquidated damages for delay shall be the Purchaser's <u>sole and exclusive remedy</u>.

納期遅延のLDの支払は，買主の**唯一かつ排他的な救済**である。

▶sole and exclusiveとは？→重要事項(19)へ

責任制限

449	**aggregate** (ǽɡriɡət)	〈形〉累積の，合計の

☐☐☐ the Seller's <u>aggregate</u> liability under this Contract

本契約に基づく売主の**累積責任**

▶累積責任とは，売買契約における様々な契約違反によって生じる損害賠償責任の合計のことです。なお，責任は，liabilityとresponsibilityどちらでも使えますが，aggregate liabilityと書かれることはあっても，aggregate responsibilityと書かれることは，まずありません。

450	**exceed** (iksíːd)	〈他〉を超える

☐☐☐ The Seller's aggregate liability to the Purchaser under this Contract shall not <u>exceed</u> the amount equal to 100% of the Contract Price.

売主の本契約に基づく買主に対する累積責任は，契約金額の100%に等しい金額を**超え**ない。

451	**limit** (límət)	〈他〉…を制限する

☐☐☐ The Seller's aggregate liability in connection with this Agreement shall be <u>limited</u> to the amount of 100% of the Contract Price.

本契約に関する売主の累積責任は，契約金額の100%の金額に**制限される**。

not exceed＝be limited to

452	**limitation**（lìmətéiʃən）	〈名〉制限

□□□　limitation of liability　責任制限（略してLOLと呼ばれます）
　　　▶責任制限とは？→重要事項(20)へ

453	**in no event**	決して…ない

□□□　▶文頭にこれを定め，その後は下のようにthe Seller **shall** not be liable
　　　のshallが文頭に倒置されます。

　　　In no event shall the Seller be liable to the Purchaser for any
　　　indirect damage suffered by the Purchaser in connection with
　　　this Contract.
　　　売主は，買主に対して，本契約に関して買主が被る間接損害について責任
　　　を負わない。

454	**under no circumstances**	決して…ない

□□□　▶In no eventと同じ意味です。また，文頭に置き，その後は倒置が起こる
　　　点も同じです。

　　　Under no circumstances shall the Seller be liable to the
　　　Purchaser for any indirect damage suffered by the Purchaser in
　　　connection with this Contract.

455	**direct damage**	直接損害

□□□　▶契約に違反することで直接的に生じる損害。direct damageという文言
　　　自体が契約書に出てくることはほとんどありません。
　　　The Seller's liability shall be limited to **direct damage** sustained
　　　by the Purchaser.
　　　売主の責任は，買主が被る**直接損害**に制限される。

456	**indirect damage**（ìndərékt）	間接損害

□□□　special damage（spéʃəl）　特別損害
　　　consequential damage（kὰ:nsəkwénʃəl）　結果損害

457	**incidental damage**（ìnsədéntl）	付随的損害

□□□　▶契約違反から生じる損害を最小限にするために生じる費用を指します。例
　　　えば，売買契約で売主が製品を引き渡すことができなくなった場合に，買
　　　主が代替品を他から購入しなければならなくなった際にかかる諸費用がこ
　　　れに当たります。

458	**loss of profit**		逸失利益

□□□ ▶lost profitとも書かれます。
indirect damage, special damage, consequential damageそして
loss of profitの違いは？→重要事項(21)へ

459	**tort** (tɔ́ːrt)		〈名〉不法行為

□□□ ▶不法行為とは，ある者が他人の権利または利益を違法に侵害する行為です。
契約関係にない者同士の間にも不法行為が成立するので，契約に違反した
場合，契約責任の他に，不法行為責任が問題となりえます。

460	**whether** (wéðər)		〈接〉であるか否か

□□□ <u>whether</u> in contract, tort or otherwise
契約上，不法行為上，またはその他の場合<u>であっても</u>
→重要事項(22)へ

461	**negligence** (néglidʒəns)		〈名〉過失＝注意義務違反

□□□ except where the damage is caused by the Purchaser's
<u>negligence</u>
損害が買主の<u>過失</u>によって引き起こされる場合を除いて

462	**gross negligence** (gróus)		重過失

□□□ ▶重大な過失という意味です。結果が重大なものではなく，注意義務違反の
程度が重大なものを指します。→重要事項(23)へ

463	**slight negligence** (sláit)		軽過失

□□□ ▶英文契約書の中ではほとんど出てきませんが，重過失と合わせて押さえて
おきましょう。

464	**willful misconduct** (wílfùl)		故意＝わざと，意図的に

□□□ ▶gross negligenceとセットで使われることが多いです。

465	**fraud** (frɔ́ːd)		〈名〉詐欺＝人を欺く行為

□□□ ▶責任制限条項が適用されなくなる場合として，以下のように故意・重過失
と並べて記載されることが多いです。
except where any loss or damage is caused by the Seller's
<u>fraud</u>, gross negligence, or willful misconduct
損失または損害が，売主の<u>詐欺</u>，重過失，または故意によって引き起こさ
れる場合を除いて

契約不適合責任

| 466 | **defect** (díːfekt) | 〈名〉欠陥，不適合 |

☐☐☐ when the Purchaser finds a <u>defect</u> in the Product,
買主が製品に<u>不適合</u>を見つけたら

| 467 | **fault** (fóːlt) | 〈名〉欠陥，不適合 |

☐☐☐ when the Purchaser finds a defect or <u>fault</u> in the Product,
買主が製品に<u>不適合</u>を見つけたら

| 468 | **latent defect** (léitənt) | 隠れた不適合 |

☐☐☐ ▶改正前の民法に「隠れた瑕疵」という文言がありましたが，それとは異なります。詳しくは重要事項(24)をご参照ください。

| 469 | **defect liability** | 契約不適合責任 |

☐☐☐ ▶商品の引渡し後一定期間内に発見された仕様との不一致（defect＝不適合）を売主が無償で修理・交換し，また，生じた損害を賠償する責任です。特に建設案件で使用されることが多いです。
<u>defect liability</u> period　契約不適合責任期間

| 470 | **product liability** | 製造物責任 |

☐☐☐ liability under the <u>Product Liability</u> Act
製造物責任法に基づく責任
▶日本の製造物責任法とは，製造物の欠陥が原因で生命，身体または財産に損害を被った場合に，被害者が製造業者等に対して損害賠償を求めることができることを規定した法律です。この法律は，不法行為責任(民法709条)の特則であり，不法行為責任に基づく損害賠償請求の場合には，被害者が加害者の過失を立証しなければならないのに対し，製造物責任に基づく場合は，被害者は加害者の過失を立証する必要がなく，製造物の欠陥を立証することで足りるとされています。

| 471 | **defective** (diféktiv) | 〈形〉不適合のある |

☐☐☐ The Seller shall rectify the <u>defective</u> part at its own cost.
売主は，自己の費用で<u>不適合</u>部分を修理しなければならない。
Defect means…and <u>Defective</u> is construed accordingly.
不適合は…という意味であり，「<u>不適合のある</u>」はそれに応じて解釈される。

472	**faulty** (fɔ́ːlti)	〈形〉欠陥のある，不適合のある
□□□	any defect due to <u>faulty</u> materials or workmanship **欠陥のある**材料または技量に起因する不適合	

473	**deficiency** (difíʃənsi)	〈名〉不足，欠陥
□□□	a defect or <u>deficiency</u> attributable to inadequate design or construction, or defective materials 不十分な設計，建設，または不適合材料に起因する不適合または**欠陥**	

474	**be free from** (fríː)	…がない
□□□	The Seller warrants to the Purchaser that the Product <u>is free from</u> any defect in design, material, or workmanship of the Product. 売主は，買主に対して，その製品の設計，材料，または技量にいかなる不適合も**ない**ことを保証する。 ▶be free <u>of</u>でもよいですが，「defectがない」という場合は，be free <u>from</u>が一般的です。	

475	**workmanship** (wə́ːrkmənʃip)	〈名〉技量
□□□	If the Purchaser finds any defect in design, materials, or <u>workmanship</u> of the Product, もしも買主が製品の設計，材料，または**技量**に不適合を発見した場合には，	

476	**warranty** (wɔ́rənti)	〈名〉保証，保証責任，契約不適合責任
□□□	▶defect liabilityと同じく，契約不適合責任を意味します。 the Seller's <u>warranty</u> 売主の**保証**責任	

477	**warrant** (wɔ́ːrənt)	〈他〉…を保証する
□□□	The Seller <u>warrants</u> that the Products conform to the requirements specified in the Specifications. 売主は，仕様書に定められている要求に合致することを**保証する**。	

478	**warranty period**	保証期間
□□□	The <u>Warranty Period</u> is twenty-four(24) months after the Taking Over of the Product. **保証期間**は，製品の検収から24カ月間とする。	

479	**defect liability period**	保証期間

☐☐☐ The Defect Liability Period is twelve(12) months following the Taking Over of the Product.
保証期間は，製品の検収から12カ月間とする。

480	**extend** (iksténd)	〈他〉…を延長する

☐☐☐ The Warranty Period shall be extended by a period during which the Purchaser cannot use the Product due to the rectification of the defect.
保証期間は，その不適合の修理に起因して買主が製品を使用できない期間分だけ延長される。
The warranty period shall be extended for one (1) year after the date of the completion of such correction of the defect.
保証期間は，不適合の修理の完了の日から１年間延長される。

481	**extension** (iksténʃən)	〈名〉延長

☐☐☐ an extension of the Warranty Period　保証期間の延長

482	**proceed** (prəsíːd)	〈自〉開始する

☐☐☐ notice to proceed (NTP)　工事開始通知
limited notice to proceed (LNTP)　限定工事開始通知

483	**commence** (kəméns)	〈自〉始める，開始する 〈他〉を始める，を開始する

☐☐☐ a period commencing on the Substantial Completion Date and ending on 24 months thereafter
実質的完成日から始まり，そこから24カ月で終了する期間
commence the design of the Product
製品の設計を開始する

484	**commencement** (kəménsmənt)	〈名〉開始

☐☐☐ commencement of the Test　試験の開始

485	**recommence** (rìːkəméns)	〈他〉を再開する

□□□ The Warranty Period shall <u>recommence</u> in respect of any Defective Work from the date of the completion of the applicable repair or replacement thereof.
保証期間は，不適合部分に関し，その修理または交換の完了日から**再度開始する**。
resume (rizúːm) 〈他〉を再開する

486	**initiate** (iníʃièit)	〈他〉を始める

□□□ ▶「仕事を始める」という場合ではなく，裁判，仲裁，または調停などの紛争解決手続を始める場合に使われることが多いです。
If neither party elects to <u>initiate</u> mediation,
いずれの当事者も，調停**を始める**ことを選択しない場合には，

487	**initiation** (inìʃiéiʃən)	〈名〉開始

□□□ prior to the <u>initiation</u> of any further dispute resolution proceedings
さらなる紛争解決手続の**開始**前に

488	**repair** (ripéər)	〈他〉…を修理する　〈名〉修理

□□□ <u>repair</u> the defect in the Product　製品の不適合**を修理する**

489	**replace** (ripléis)	〈他〉…を交換する

□□□ repair or <u>replace</u> the defect in the Product
製品の不適合を修理または**交換する**

490	**replacement** (ripléismənt)	〈名〉交換

□□□ <u>replacement</u> of the defective part　不適合部分の**交換**

491	**make good**	…を直す

□□□ repair, replace or <u>make good</u> the defect in the Product
製品の不適合を修理または交換する

492	**making good**	修理

□□□ <u>making good</u> of the defect in the Product
製品の不適合の**修理**

493	**rectify** (réktəfài)	〈他〉…を修理する

□□□ <u>rectify</u> the defect in the Product　製品の不適合**を修理する**

494	**rectification** (rèktəfikéiʃən)	〈名〉修理
☐☐☐	<u>rectification</u> of the defect in the Product　製品の不適合の**修理**	

495	**remedy** (rémədi)	〈他〉を直す
☐☐☐	<u>remedy</u> the defect in materials or workmanship 材料または技量における不適合**を修理する**	

496	**modify** (mάːdəfài)	〈他〉を修正する
☐☐☐	defectを直す場合よりも，契約書などの文書を修正する際に使われることのほうが多いです。 <u>modify</u> this Agreement　本契約**を修正する**	

497	**modification** (mὰːdəfikéiʃən)	〈名〉修正
☐☐☐	amendment or <u>modification</u> of this Agreement　本契約の**修正**	

498	**correct** (kərékt)	〈他〉を修正する
☐☐☐	The Contractor shall immediately <u>correct</u> all defects. 請負者は，ただちにすべての不適合**を直さ**なければならない。	

499	**correction** (kərékʃən)	〈名〉修正
☐☐☐	the period for <u>correction</u> of the Defect　不適合の**修理**のための期間	

500	**remove** (rimúːv)	〈他〉…を取り除く
☐☐☐	<u>remove</u> from the premises the defective part 不適合部分を施設から**取り除く** premises（No.938を参照）	

501	**expeditiously** (èkspədíʃəsli)	〈副〉迅速に
☐☐☐	The Contractor shall <u>expeditiously</u> correct the defective part. 請負者は，不適合部分を**迅速に**修理しなければならない。	

502	**at one's risk and cost**	のリスクと費用で
☐☐☐	The Seller shall rectify the defective part <u>at its risk and cost</u>. 売主は，**そのリスクと費用で**不適合部分を修理しなければならない。	

503	**discover** (diskΛvər)	〈他〉を発見する
☐☐☐	where the Purchaser <u>discovers</u> a defect in the Product, 購入者が製品に不適合を発見した場合には，	

504	**discovery** (diskʌ́vəri)	〈名〉発見
□□□	within 10 days after the **discovery** of the defect 不適合の**発見**から10日以内に	

505	**erosion** (iróuʒən)	〈名〉浸食，機械的な損傷
□□□	▶corrosionと併記して用いられることが多いです。	

506	**corrosion** (kəróuʒən)	〈名〉腐食，化学的な損傷（成分の化学組成が変化）
□□□	a defect resulting from erosion or **corrosion** 浸食または**腐食**から生じる不適合	

507	**normal wear and tear** 　　　　(wéər)　　(téər)	自然摩耗および消耗，個体と個体間の摩擦
□□□	Defect does not include **normal wear and tear**. 不適合は，**自然摩耗**を含まない。	

508	**express warranty** (iksprés)	明示の保証
□□□	▶契約に定められている保証のこと	

509	**implied warranty** (impláid)	黙示の保証
□□□	▶契約に定められていないが，法律に定められている保証のこと	

510	**particular** (pərtíkjələr)	〈形〉特定の
□□□	**particular** provision　特定の条文	

511	**fitness for a particular purpose** (fítnəs)	特定目的の適合性
□□□	▶買主が示す目的に製品が合致していること implied warranty of the **fitness for a particular purpose** of the Product 製品の**特定目的適合性**に関する黙示の保証	

512	**merchantability** (mə̀:tʃəntəbíliti)	〈名〉商品性
□□□	▶製品が通常の機能および性能を備えていること implied warranty of the **merchantability** of the Product 製品の**商品性**に関する黙示の保証	

513	**disclaim** (diskléim)	〈他〉…を否認する

□□□ The Seller hereby <u>disclaims</u> any warranty in respect of the Product.
売主は，本条により，製品に関するあらゆる保証<u>を否認する</u>（「なんらの保証もしない」という意味です）。

514	**disclaimer** (diskléimər)	〈名〉否認，（責任の）排除

□□□ <u>disclaimer</u> of implied warranty　黙示の保証の<u>排除</u>
▶黙示の保証の排除とは？→重要事項(25)へ

515	**assess** (əsés)	〈他〉を評価する

□□□ The Purchaser shall provide an opportunity to <u>assess</u> the extent of the defect to the Seller.
買主は，売主に対して，不適合の範囲<u>を評価する</u>機会を与えなければならない。
<u>assess</u> the safety and performance of the Product
製品の安全性および性能<u>を評価する</u>

516	**assessment** (əsésmənt)	〈名〉評価

□□□ <u>assessment</u> of the nature of the defect
不適合の性格の<u>評価</u>

517	**access** (ǽkses)	〈名〉アクセス

□□□ <u>access</u> to the defective part　不適合部分への<u>アクセス</u>

518	**search** (sə́ːrtʃ)	〈他〉を探す　〈自〉search for（…を捜す，を求める）

□□□ <u>search for</u> the cause of the defect of the Product
製品の不適合の原因<u>を探る</u>

519	**cause** (kɔːz)	〈名〉原因

□□□ the <u>cause</u> of the defect　不適合の<u>原因</u>

520	**nature** (néitʃər)	〈名〉性格，性質

□□□ <u>nature</u> of the defect　不適合の<u>性質</u>（どのような不適合であるか）

521	**operate** (áːpərèit)	〈他〉…を運転する，経営する

□□□ <u>operate</u> the Plant　プラント<u>を運転する</u>

522	**operating** (áːpərèitiŋ)	〈形〉運転の，経営の，営業の

□□□ the <u>operating</u> data　<u>運転</u>データ

523	**operation** (ὰ:pəréʃən)	〈名〉運転

□□□ operation of the Plant　プラントの<u>運転</u>
proper operation　適切な<u>運転</u>

524	**maintain** (meintéin)	〈他〉…を保守する，をメンテナンスする

□□□ maintain the Plant　プラント<u>を保守する</u>

525	**maintenance** (méintənəns)	〈名〉保守，メンテナンス

□□□ periodic maintenance　定期的な<u>メンテナンス</u>

526	**O&M**	運転およびメンテナンス

□□□ operation and maintenanceの略
<u>O&M</u> manuals　<u>運転・保守</u>マニュアル

527	**proper** (prά:pər)	〈形〉適切な

□□□ proper maintenance　<u>適切な</u>メンテナンス
proper performance　<u>適切な</u>履行

528	**improper** (imprά:pər)	〈形〉不適切な

□□□ improper operation　<u>不適切な</u>運転

529	**enable** (inéibl)	〈他〉…を可能にする enable O to doで「Oが…できるようにする」

□□□ enable the Seller to repair the defect
売主が不適合を修理すること<u>を可能にする</u>

ボンド

530	**bond** (bά:nd)	〈名〉ボンド

□□□ ▶売買・請負契約で使われるボンドとは，銀行などが買主のために発行する
保証状のことです。ボンドは，securityと呼ばれることもあります。
ボンドとは？→重要事項(26)へ

531	**security** (sikjúərəti)	〈名〉保証（状），担保

□□□ ▶いわゆる銀行保証状（ボンド）のことを表すことがあります。
the performance security　履行<u>保証状</u>
▶また，意外にも，「有価証券」という意味もあり，例えば，Securities
and Exchange Commission（略してSEC）で，米国の「証券取引委
員会」を意味します。
hold as security　<u>担保</u>として保持する

532	**secure** (sikjúər)	〈名〉…を保証する

□□□ the performance security to **secure** the Contractor's proper performance of the Contract
請負者による契約の適切な履行を**保証する**ための履行保証状（ボンド）

533	**guarantee** (gæˌrəntíː)	〈名〉保証 〈他〉…を保証する

□□□ parent **guarantee** 親会社保証
▶親会社保証とは？→重要事項(27)へ
bank **guarantee** 銀行保証（いわゆるボンド）

534	**ensure** (enʃúər)	〈他〉…を保証する，…を確実にする ensure that節で，確実に～するようにする

□□□ The Seller shall **ensure** that the performance security remains valid and enforceable until the issue of the certificate of the Taking Over.
売主は，検収証明書の発行まで，履行保証状が有効かつ強制力がある状態を**保た**なければならない。

535	**principal** (prínsəpl)	〈名〉（保証人に対して）主たる債務者， （代理人に対して）本人，元本

□□□ at the request of the **Principal**,
主たる債務者の要求により，（ボンドの文面でよく使われる）
▶in principle＝原則として，と間違えないように注意しましょう。

536	**undertake** (ʌndərtéik)	〈他〉（責任を）引き受ける，保証する

□□□ ▶ボンドの文面には，通常以下のような記述があります。
We hereby irrevocably **undertake** to pay you any sum not exceeding in total the amount of USD 10 million upon receipt by us of your demand in writing.
我々は，文書であなたの要求を受領したらただちに，総額1,000万米ドル以下の金額をあなたに支払うことを取消不能なものとして**保証する（責任を負う）**。

537	**bid** (bíd)	〈名〉入札（主に米国）

□□□ ▶売買や請負などで最も有利な条件を示す者と契約するため，複数の競争者に見積額を書いた文書を提出させて契約者を決めること。

538	**tender** (téndər)	〈名〉入札（主に英国）〈他〉を提出する

□□□ tender document　**入札図書**
tender security　**入札**保証状
tender a bid　**入札**を提出する（tenderを他動詞として用いた例）

539	**invitation** (ìnvətéiʃən)	〈名〉招待

□□□ invitation to bid（ITB）　**入札案内**
invitation for bid　**入札告示**

540	**prequalification** (prì:kwà:ləfəkéiʃən)	〈名〉事前資格審査

□□□ ▶入札参加資格の事前審査。これを満たさないとそもそも入札に参加できません。過去の類似の案件についての実績が問われるのが通常です。

541	**bid bond**	入札保証状

□□□ ▶応札者が入札後に契約締結を不当に拒んだ場合に発注者が被る損害の賠償を保証するものです。

542	**advance** (ədvǽns)	〈名〉前払金

□□□ advance payment　**前払金**の支払

543	**advance payment bond**	前払金返還保証状

□□□ ▶買主が売主に対して支払う前払金を，売主が買主に返還することを保証するものです。保証金額は，契約金額の10％～20％となるのが通常です。

544	**performance bond**	履行保証状

□□□ ▶売主の義務違反の場合に買主が被る損害の賠償を保証するものです。

545	**warranty bond**	契約不適合保証状

□□□ ▶売主が契約不適合責任を果たさない場合に買主が被る損害の賠償を保証するものです。

546	**retention** (riténʃən)	〈名〉保留，留保

□□□ ▶買主が売主への契約金額の支払の一部を一定の期日まで留保することをretentionといいます。

547	**retention bond**	リテンションボンド

□□□ ▶リテンションとして留保されている分を支払期日前に売主が支払ってもらう代わりに買主に差し入れる保証状です。

548	**withhold** (wiðhóuld)	〈他〉…を保留する，を差し引く

□□□ The Purchaser may <u>withhold</u> the payment of the Contract Price to the Seller.
買主は，契約金額の売主への支払<u>を保留する</u>ことができる。
the retention money <u>withheld</u> by the Purchaser
買主によって<u>留保された</u>リテンション金（留保金）
Such consent shall not be unreasonably <u>withheld</u>.
かかる同意は不合理に<u>留保されて</u>はならない。

549	**draw** (drɔ́ː)	〈他〉…を引き出す

□□□ ▶ボンドに基づいて支払を受ける際に用いられることが多いです。
If the Seller fails to renew, replace, or extend the Performance Security at least 30 days prior to its expiration, the Purchaser may <u>draw</u> the entire amount of the Performance Security at any time without prior notice to the Seller.
もしも売主がその満了の遅くとも３０日前に履行保証状を更新，交換，または延長しない場合には，買主は売主への事前の通知なくしていつでも履行保証状の全金額<u>を引き出す</u>ことができる。

550	**repayment** (ripéimənt)	〈名〉返済，払戻

□□□ to secure the Supplier's <u>repayment</u> of the amount of the advance payment
前払金の金額の売主による<u>返済</u>を保証するために

551	**calculate** (kǽlkjəlèit)	〈他〉…を計算する

□□□ The interest for delay payment shall be <u>calculated</u> using the rate stated in Article 3.2 hereof.
本契約の第３条第２項に定められているレートを用いて，支払遅延についての利息は<u>計算される</u>ものとする。

552	**calculation** (kælkjəléiʃən)	〈名〉計算

□□□ <u>calculation</u> of interest　利息の<u>計算</u>

553	**progressively** (prəgrésivli)	〈副〉漸進的に，次第に

□□□ The guarantee amounts of the advance payment bond are <u>progressively</u> reduced by the amount repaid by the Contractor.
前払金返還保証ボンドの保証金額は，請負者によって返金される金額分だけ<u>次第に</u>減額される。

不可抗力

554	**Force Majeure**	不可抗力

□□□ effect of Force Majeure　不可抗力の効果
▶Force Majeureとは？→重要事項(28)へ

555	**Act of God**	不可抗力，天災

□□□ ▶Act of Godは自然現象に限定されるのに対し，Force Majeureはより広い事象を指します。
The performance of the obligations is delayed by an **act of God**.
義務の履行が**不可抗力**によって遅延する。

556	**war**（wɔ́ːr）	〈名〉戦争
557	**rebellion**（ribéljən）	〈名〉反乱
558	**revolution**（rèvəlúːʃən）	〈名〉革命
559	**blockade**（blɑːkéid）	〈名〉封鎖
560	**embargo**（imbáːrgou）	〈名〉出港封鎖
561	**terrorist**（térərist）	〈名〉テロリスト
562	**strike**（stráik）	〈名〉ストライキ
563	**lockout**（lákàut）	〈名〉ロックアウト
564	**radioactive**（rèidiouǽktiv）	〈形〉放射能の
565	**contamination**（kəntæmənéiʃən）	〈名〉汚染

□□□ radioactive **contamination**　放射能**汚染**

566	**earthquake**（ə́ːrθkwèik）	〈名〉地震
567	**hurricane**（hə́ːrəkèin）	〈名〉ハリケーン
568	**tornado**（tɔːrnéidou）	〈名〉竜巻
569	**lightning**（láitniŋ）	〈名〉雷
570	**volcano**（vɑːlkéinou）	〈名〉火山活動
571	**volcanic eruption**（irʌ́pʃən）	〈名〉火山噴火
572	**landslide**（lǽndslàid）	〈名〉地滑り
573	**plague**（pléig）	〈名〉疫病，伝染病
574	**epidemic**（èpədémik）	〈名〉（特定地域での）伝染病

575	**pandemic** (pændémik)	〈名〉（複数の国にわたって深刻な被害を起こす病気の流行）世界的に流行する伝染病

□□□ ▶2019年から始まった新型コロナウイルス流行はまさにpandemicです。

576	**catastrophe** (kətǽstrəfi)	〈名〉大災害

□□□ a natural catastrophe　天災

577	**storm** (stɔ́ːrm)	〈名〉嵐

578	**flood** (flʌd)	〈名〉洪水

579	**heavy rain**	大雨

□□□ heavy rain that continued for 10 days　10日間降り続いた大雨

580	**occurrence** (əkə́ːrəns)	〈名〉発生

□□□ occurrence of an event of Force Majeure
不可抗力事象の発生

581	**occur** (əkə́ːr)	〈自〉生じる

□□□ In the event that an event of Force Majeure occurs,
不可抗力事象が生じた場合には,
▶英文契約書では,「生じる」という場合,happen よりもoccurのほうが
よく使われています。特に,不可抗力が生じるという場合には,happen
よりもoccurが使われるのが通常です。

582	**exceptional** (iksépʃənl)	〈形〉例外的な,異常な,特別な

□□□ an exceptional event or circumstance　異常な事象

583	**event** (ivént)	〈名〉事象,出来事

□□□ any events or circumstances beyond the control
コントロールを超えた事象

584	**circumstance** (sə́ːrkəmstæns)	〈名〉事象,状況

□□□ emergency circumstance　緊急事態
uncontrollable circumstances　コントロールできない状況

585	**beyond** (biɑ́ːnd)	〈前〉…を超えて

□□□ an exceptional event or circumstance which is beyond a Party's
control
契約当事者のコントロールを超えた例外的な事象または状況

586	**could have foreseen** (fɔːrsíːn)	予見することができた
□□□	within ten days after the affected Party <u>could have foreseen</u> the event of Force Majeure 不可抗力事象を予見できた日から10日以内に	

587	**should have foreseen**	予見するべきであった
□□□	within ten days after the affected Party <u>should have foreseen</u> the event of Force Majeure 不可効力事象を予見するべきであった日から10日以内に	

588	**prevent** (privént)	〈他〉を妨げる
□□□	If the Party is <u>prevented</u> from performing the obligation under this Contract, 契約当事者が，本契約に基づく義務を履行することを妨げられた場合には，	

589	**prevention** (privénʃən)	〈名〉妨害，障害
□□□	<u>prevention</u> of the performance of the obligation under this Contract 本契約に基づく義務の履行の妨げ	

590	**hinder** (híndər)	〈他〉を妨げる
591	**hindrance** (híndrəns)	〈名〉妨げ，妨害
□□□	the period of such delay or <u>hindrance</u> かかる遅れまたは妨害の期間 If a <u>hindrance</u> lasts longer 8 weeks and the end of the <u>hindrance</u> cannot be reasonably anticipated, each party will be entitled to terminate this Agreement. 妨害が８週間以上続き，かつ，その妨害の終息を合理的に予見することができない場合には，各当事者は本契約を解除することができる。	

592	**impede** (impíːd)	〈他〉を妨げる，を遅らせる
593	**precaution** (prikɔ́ːʃən)	〈名〉予防，予防措置
594	**avoid** (əvɔ́id)	〈他〉を避ける
□□□	the event that the Party could not have <u>avoided</u> 当事者が避けることができなかった事象	

595	**avoidance** (əvɔ́idəns)	〈名〉回避
□□□	for the <u>avoidance</u> of doubt　疑いを避けるために，念のため	

596	**overcome** (òuvərkʌ́m)	〈他〉を乗り越える，を克服する
☐☐☐	the circumstance that the Party could not have <u>overcome</u> 当事者が<u>乗り越える</u>ことができなかった状況	

597	**magnitude** (mǽgnətùːd)	〈名〉大きさ，重大度，規模
☐☐☐	a <u>magnitude</u> that has not occurred within the past 10 years 過去10年以内に生じていない<u>規模</u> the <u>magnitude</u> of impact　影響の<u>大きさ</u>	

598	**mitigate** (mítəgèit)	〈他〉を最小限にする，を軽減する
☐☐☐	use a reasonable effort to <u>mitigate</u> the effect of the event of Force Majeure 不可抗力事象の影響<u>を最小化する</u>ための合理的な努力を払う	

599	**mitigation** (mìtəgéiʃən)	〈名〉最小化，軽減
☐☐☐	<u>mitigation</u> of the effect of the event of Force Majeure 不可抗力事象の影響の<u>最小化</u> ▶mitigationの義務とは？→重要事項(29)へ	

600	**effort** (éfərt)	〈名〉努力
☐☐☐	use/exert reasonable <u>efforts</u> to do 〜をする合理的な<u>努力</u>を尽くす	

601	**endeavor** (indévər)	〈名〉努力
☐☐☐	make reasonable <u>endeavors</u> to do　〜をする合理的な<u>努力</u>を尽くす ▶努力義務とは？→重要事項(30)へ	

602	**claim** (kléim)	〈名〉請求，クレーム
☐☐☐	a <u>claim</u> alleging patent infringement against the Purchaser 買主に対する特許権侵害を主張する<u>請求</u>	

603	**include** (inklúːd)	〈他〉を含む
☐☐☐	All calculations of interest and fees under this Agreement shall <u>include</u> the first day of such period and exclude the last day of such period. 本契約に基づく利息および料金の計算は，かかる期間の最初の日<u>を含み</u>，最後の日を除外するものとする。	

604	**include, but not limited to** **including, but not limited to**	以下を含むがそれに限られない

□□□ ▶例示列挙をする際に用いられる表現です。
Force Majeure includes, but not limited to, …
不可抗力は, 以下を含むがそれに限られない。

605	**contain** (kəntéin)	〈他〉を含む

□□□ nothing contained herein 本契約に含まれている何ものも~ない
▶ちなみに, 事象を列挙する際に, contain, but not limited toなどと表すことはありません。この場合は, including, but not limited toが通常です。

リスクの負担

606	**risk** (rísk)	〈名〉リスク

□□□ risk of loss of or damage to the Product
製品の損失または損害のリスク
▶リスクの負担とは？→重要事項(31)へ

607	**care** (kéər)	〈名〉注意

□□□ careは, with due care（善管注意義務）やcare and custody（管理責任）といった形で使われることがよくあります。care and custodyは, risk of loss（リスクの負担）の条文でよく登場し, このcare and custodyがある当事者がriskを負うように定められていることが多いです。

608	**custody** (kʌ́stədi)	〈名〉管理

□□□ The Contractor shall be responsible for the care, custody and control and risk of loss of the Work.
請負者は, 仕事に対する注意, 管理, および支配, ならびにリスクについて責任を負う。

609	**pass** (pǽs)	〈自〉移転する

□□□ The responsibility for risk shall pass from the Seller to the Purchaser when the Taking Over Certificate is issued.
検収証明書が発行されたら, リスクの負担は売主から買主に移転する。

610	**passage** (pǽsidʒ)	〈名〉移転

□□□ passage of risk of loss of the Product 製品のリスクの移転
passage of the title to the Product 製品の所有権の移転
代わりにtransfer（trǽnsfə:r）も用いられます。

| 611 | **load** (lóud) | 〈他〉を積み込む |

□□□ at the time of <u>loading</u> the Product on/under the deck of the vessel
製品が船の甲板上または船倉に<u>積み込まれた</u>時点
反義語はunload（ʌnlóud）「を降ろす」

| 612 | **deck** (dék) | 〈名〉デッキ，甲板 |

□□□ on the <u>deck</u> of the vessel　船の<u>甲板上</u>

| 613 | **vessel** (vésl) | 〈名〉船舶，大型船 |

□□□ ▶shipやboatよりも堅い言葉で，船舶関係で好まれる表現です。

| 614 | **lien** (líːn) | 〈名〉リーエン，先取特権 |

□□□ ▶リーエンとは？→重要事項(32)へ
pledge（plédʒ）〈名〉質権
mortgage（mɔ́ːrgidʒ）〈名〉抵当権
encumbrance（enkʌ́mbrəns）〈名〉担保権，負担
The Contractor shall keep the Products free and clear from any <u>lien</u>, <u>pledge</u>, mortgage, or other <u>encumbrance</u>.
請負者は，製品が<u>先取特権</u>，<u>質権</u>，<u>抵当権</u>，またはその他の<u>負担</u>が付されていない状態を保たなければならない。
▶これらは，一応，日本における各種担保権を訳として対応させていますが，必ずしも日本における制度と同じではないので，目安として捉えてください。

補償・免責

| 615 | **indemnify** (indémnəfài) | 〈他〉を補償する |

□□□ ▶「補償」とは，生じた損害を損塡・償うことです。「保証」（warrantyおよびguarantee）とは異なる点に注意してください。
なお，このindemnifyと次に紹介するhold harmlessとdefendは，英文契約書では，第三者に生じた損害の損塡の場合に用いられることがほとんどです。
indemnity（indémnəti）〈名〉補償
▶補償とは？→重要事項(33)へ

616	**hold harmless** (háːrmləs)	を免責する

□□□ The Supplier shall defend, indemnify, and <u>hold harmless</u> the Purchaser from and against…,

売主は，買主を…から防御，補償，および**免責し**なければならない。

ちなみに，<u>hold</u> the Purchaser <u>harmless</u> from and against…と記載されることもあります。

617	**defend** (difénd)	〈他〉を防御する

□□□ ▶defendは，被害を受けた第三者と直接協議をしたり，裁判で争ったりすることを意味します。

defense（diféns）〈名〉防御

618	**indemnifying party**	補償当事者

□□□ ▶indemnify条項に基づいて契約相手を補償する当事者。

619	**indemnified party**	被補償当事者

□□□ ▶indemnifying partyによって補償を受ける当事者。

If an Indemnifying Party is obliged to defend, indemnify and hold harmless any <u>Indemnified Party</u> under this Article 18,

補償当事者が，第18条に基づき**被補償者**を防御，補償および免責する義務を負う場合には，

620	**sick** (sík)	〈形〉病気の
621	**sickness** (síknəs)	〈名〉病気
622	**disease** (dizíːz)	〈名〉病気

□□□ ▶sicknessやillnessに対し，病名のはっきりした病気をいうことが多いです。

623	**ill** (íl)	〈形〉病気で
624	**illness** (ílnəs)	〈名〉病気
625	**injury** (índʒəri)	〈名〉傷害

□□□ bodily <u>injury</u>　身体の**傷害**

626	**death** (déθ)	〈名〉死亡

□□□ <u>death</u>, bodily injury, or sickness arising out of the defect of the Product

製品の不適合から生じる**死亡**，身体の傷害，または病気

627	**infringement** (infríndʒmənt)	〈名〉侵害

☐☐☐ infringement of third party's intellectual property right
第三者の知的財産権の**侵害**
▶英文契約では，infringementが，知的財産権の侵害以外で用いられることは滅多にありません。

628	**infringe** (infríndʒ)	〈他〉を侵害する 〈自〉侵害する

☐☐☐ The Contractor shall not **infringe** on any intellectual property rights of any third party.
請負者は，第三者の知的財産権を**侵害して**はいけない。

629	**allege** (əléʤ)	〈他〉を主張する

☐☐☐ a claim **alleging** patent infringement against the Purchaser
買主に対する特許権侵害を**主張する**請求

630	**alleged** (əléʤd)	〈形〉申し立てられた

☐☐☐ **alleged** infringement　申し立てられた侵害

631	**pursue** (pərsúː)	〈他〉を追及する

☐☐☐ proceedings **pursuing** a claim
請求を**追及する**手続

632	**bring** (bríŋ)	〈他〉（訴訟など）を起こす

☐☐☐ any action **brought** against the Purchaser
買主に対して**提起された**訴訟

633	**attorney's fees**	弁護士費用

☐☐☐ ▶indemnify条項では，(including any **attorney's fees**) のように記載されることが多いです。また，代わりにlegal fees and expensesも用いられます。
弁護士費用の負担について→重要事項(34)へ

634	**in conjunction with** (kəndʒʌ́ŋkʃən)	をともに，と併用して

☐☐☐ **in conjunction with** anything not supplied by the Contractor
請負者によって提供されていないものと**併用して**

635	**in combination with** (kàːmbənéiʃən)	をともに，と併用して

☐☐☐ **in combination with** anything not supplied by the Contractor
請負者によって提供されていないものと**併用して**

636	**settlement** (sétlmənt)	〈名〉和解，解決

□□□ the **settlement** of the claim　その請求の**和解**
a **settlement** of a dispute　紛争**解決**
They reached a **settlement** regarding the matter.
その事項に関して**和解**に達した。

637	**admission** (ədmíʃən)	〈名〉(事実などを) 認めること，自白

□□□ make an **admission**　**自白**を行う

638	**be prejudicial to** (prèdʒədíʃəl)	に不利となる，に害となる

□□□ an admission that might **be prejudicial to** the Seller
売主**に不利となり**うる自白

639	**prejudice** (prédʒədəs)	〈他〉に損害を与える，を害する 〈名〉不利益，損害

□□□ without **prejudice** to any other rights　他の権利を**害する**ことなく

640	**afford** (əfɔ́:rd)	〈他〉を与える

□□□ The Indemnified Party shall **afford** all reasonable assistance to the Indemnifying Party in this regard.
被補償当事者は，補償当事者に対して，この点に関してあらゆる合理的な支援**を提供し**なければならない。

641	**assistance** (əsístəns)	〈名〉支援，援助

□□□ all reasonable **assistance**　合理的な**支援，援助**

試験

642	**accept** (əksépt)	〈他〉を認める，受領する

□□□ <u>**accept** the Product　製品を受領する</u>

643	**acceptance** (əkséptəns)	〈名〉受領，承諾

□□□ <u>**acceptance** test　受領試験／承認試験</u>
<u>**acceptance** of the Product　製品の**受領**／承認</u>

644	**reject** (ridʒékt)	〈他〉を拒絶する

□□□ The Seller may **reject** the Defective Product.
売主は不適合製品の受領**を拒絶する**ことができる。

645	**rejection** (ridʒékʃən)	〈名〉拒絶

□□□ <u>**rejection** of the defective Product　不適合製品の受領**拒絶**</u>

646	**outstanding work**	未完の仕事

□□□ The Contractor shall complete the <u>outstanding work</u> within a reasonable time after the Taking Over occurs.
請負者は，検収が生じた後合理的期間内に<u>未完成の仕事</u>を完成させなければならない。

647	**criteria** (kraitíəriə)	〈名〉基準

□□□ If the Product fails to meet the <u>criteria</u> set forth in the Specifications,
製品が仕様書に定められている<u>基準</u>を満たさない場合には，

648	**deem** (díːm)	〈自〉みなす

□□□ The Taking Over Certificate shall be <u>deemed</u> to be issued for the Product.
検収証明書が製品のために発行されたと<u>みなされる</u>ものとする。

▶「みなす」とは，ある事実が実際にはないのに，あるものとして扱うことをいいます。
「みなす」を表す単語として最も一般的なのはdeemですが，他に次のような単語も使用されることがあります。
consider (kənsídər)／regard (rigárd)／treat (tríːt)
constitute (kánstətùːt) 〈他〉を構成する，となる
The delay in the Delivery Date <u>constitutes</u> a material breach of this Agreement.
引渡日への遅れ（納期の遅延）は，本契約の重大な違反<u>となる</u>。

649	**presume** (prizúːm)	〈他〉と推定する

□□□ ▶「推定する」は，「みなす」とは異なり，反証されたらその事実が覆ります。

中断と解除

650	**suspend** (səspénd)	〈他〉を中断する

□□□ The Supplier may <u>suspend</u> the Work.
供給者は仕事<u>を中断する</u>ことができる。

651	**suspension** (səspénʃən)	〈名〉中断

□□□ <u>suspension</u> of the Work　仕事の<u>中断</u>
▶中断と解除の違いは？→重要事項(35)へ

652	**cease** (síːs)	〈他〉を停止する 〈名〉中断
□□□	The Supplier shall cease progress of work. 供給者は，仕事の進捗を中断しなければならない。	

653	**terminate** (táːrmənèit)	〈他〉を解除する
□□□	The Purchaser may terminate this Contract at any time by giving a written notice to the Seller. 買主は，売主に書面の通知を発行することでいつでも本契約を解除することができる。	

654	**termination** (tàːrmənéiʃən)	〈名〉解除
□□□	termination of this Agreement　本契約の解除	

655	**cancel** (kǽnsl)	〈他〉を取り消す，を解約する
□□□	▶cancelも契約を一方的に終了させることを表す際に使われる単語ですが，一般的には，有効期間が満了して契約が終了することを表す際にはexpireが使われ，また，契約当事者が契約に違反した場合や売主の自己都合で契約を一方的に終わらせる場合には，通常terminateが使われるので，英文契約でcancelが使われる頻度は少ないです。 a right to cancel this Agreement　本契約を解約する権利	

656	**cancelation** (kǽnsəléiʃən)	〈名〉取消，解約
□□□	cancellation fee　解約料	

657	**recommence** (rìːkəméns)	〈他〉を再び始める，再開する（最初から始めるという意味が強い）
□□□	The Warranty Period in respect of a repaired or replaced Product recommences from the completion of the repair or replacement of the defect. 修理または交換された製品についての保証期間は，不適合の修理または交換の完成から再度（初めから）開始する。	

658	**resume** (rizúːm)	〈他〉を再び始める，再開する（最初から始めるという意味はない）
□□□	Upon receipt of notice to resume the suspended Work, 中断された仕事を再開するための通知を受領したら，	

第5章	販売店契約の英単語	659▶695

659　distributorship agreement　販売店契約

□□□ ▶ある製品を製造している者（供給者＝Supplierと定義されることが多い）が，ある国や地域（テリトリー＝Territoryと定義されることが多い）にその製品を販売したいと考えているものの，そのテリトリー内の顧客への販売経路を持っていない場合に，その販売経路を持つ者（販売店＝Distributorと定義されることが多い）に製品を販売する権限を与えるために交わされる契約です。その後販売店は供給者から購入した製品をテリトリー内の顧客に販売します。

660　distributor（distríbjətər）　〈名〉販売店

□□□ ▶販売店契約において，製品を供給者から購入し，それをテリトリー内の顧客に転売する当事者。

661　distributorship　〈名〉販売権（を持つ会社）

□□□ ▶販売店契約において，供給者から販売店に与えられる，製品をテリトリー内の顧客に販売する権利。

662　agency agreement（éidʒənsi）　販売代理店契約

□□□ ▶供給者が自己の代理として自己の製品を特定の地域（テリトリー）内の顧客に販売する権限を他者に与える契約。代理として製品を販売する権限を与えられた者は販売代理店，または代理店といいます。テリトリー内の顧客との間で供給者の製品についての売買契約の当事者となるのは，販売代理店ではなく供給者です。
販売店契約と販売代理店契約の違いは？→重要事項(36)へ

663　agency（éidʒənsi）　〈名〉販売代理店，代理店

□□□ ▶販売代理店契約において，供給者の代理人となる者。
なお，agent（éidʒənt）は個人としての代理人の意味で用いられることが多いです。

664	**appoint** (əpóint)	〈他〉を任命する

□□□ The Supplier hereby <u>appoints</u> the Distributor as the Supplier's exclusive and sole distributor for the Product in the Territory.
供給者は，本契約により，製品に関し，テリトリーにおいて，供給者の独占的かつ唯一の販売店として販売店（Distributor）**を任命する**。

665	**appointment** (əpóintmənt)	〈他〉任命

□□□ <u>appointment</u> of the distributor　販売店の**任命**

666	**accept** (əksépt)	〈他〉を受諾する

□□□ The Distributor hereby <u>accepts</u> such appointment.
販売店は，本契約により，かかる任命**を受諾する**。

667	**acceptance** (əkséptəns)	〈名〉受諾

□□□ <u>acceptance</u> of the appointment of the distributor
販売店の任命の**受諾**

668	**exclusive distributor**	排他的／独占的販売店

□□□ ▶販売店契約において，供給者の製品をテリトリー内で独占的に販売する権利を与えられた販売店。

669	**non-exclusive distributor**	非排他的／非独占的販売店

□□□ ▶販売店契約において，供給者の製品をテリトリー内で非独占的に販売する権利を与えられた販売店。

670	**convert** (kənvə́:rt)	〈他〉を転換する

□□□ If the Distributor fails to satisfy the requirement of the Minimum Quantity, the Supplier may <u>convert</u> the exclusive distributorship to non-exclusive.
販売店が最低（保証）数量の要求を満たせない場合には，供給者は，独占的な販売店の地位を非独占的なものに**変更する**ことができる。

▶最低（保証）数量を販売店が供給者から購入しない場合には，販売店の契約違反となります。その場合の販売店の責任としては，①損害賠償責任を負う，②契約を解除される，または，上の例文のように，③独占的販売権を失う，などとされるのが通常です。

| 671 | **forecast**（fɔ́ːrkæst） | 〈名〉予想，予測，見通し |

□□□ ▶販売店契約では，販売店は，供給者に対して，供給者から翌年購入予定の製品の数を事前に知らせる仕組みになっていることが多いです。供給者はその予測に基づいて製品を準備します。これにより，供給者から販売店への翌年の製品の供給がスムーズになります。この予測内容について法的拘束力がない点を明確にするために，non-binding forecast（法的拘束力のない予測）と記載することもあります。

The Distributor shall provide the Supplier with the relevant non-binding quarterly **forecast** in accordance with Clause 4.1 hereof.
販売店は，本契約の第4条第1項に従い，対象の四半期の法的拘束力のない**予測**を供給者に提供しなければならない。

| 672 | **resell**（riːsél） | 〈他〉を転売する |

□□□ The Distributor shall **resell** to customers not less than the Minimum Quantity.
販売店は，最低数量以上を顧客に**転売**しなければならない。

| 673 | **distribute**（distríbjuːt） | 〈他〉を販売する，を供給する |

□□□ The Distributor shall not **distribute** any products which compete with the Products.
販売店は，製品（Products）と競合するいかなる製品も**販売**してはならない。

▶販売店は，販売権を与えられた製品と競合する製品（類似の製品）を販売してはならないと定められるのが通常です（競業避止義務）。

| 674 | **dispose**（**of**）（dispóuz） | 〈自〉～を売却する，～を譲渡する，～を処分する |

□□□ The Supplier shall not sell, deliver, or **dispose of** the Product to any third party within the Territory without the Distributor's prior written consent.
供給者は，販売店の事前の書面の同意なくして，テリトリー内で，第三者に製品を販売，引渡し，または**譲渡**してはならない。

675	**engage** (**in**) (ingéidʒ)	〈自〉に携わる，に従事する

□□□ The Distributor shall not <u>engage</u> in any advertising or promotional activities relating to the Product directed to customers outside the Territory.
販売店は，テリトリー外の顧客に向けた製品に関する宣伝，または販売促進活動に<u>携わって</u>はならない。

676	**seek** (síːk)	〈他〉を探す

□□□ The Distributor shall not actively <u>seek</u> customers for the Product outside the Territory.
販売店は，テリトリー外で製品のために積極的に顧客<u>を探し</u>てはいけない。
▶特定の地域への製品の販売権を与えられた販売店は，その他の地域の顧客に対してその製品を販売することを禁じられるのが通常です。

677	**establish** (istǽbliʃ)	〈他〉を設立する

□□□ The Distributor shall not <u>establish</u> or maintain a branch office, warehouse, or distribution facility for the Product outside the Territory.
販売店は，テリトリー外に，製品のための支店，倉庫，または物流倉庫を<u>設立</u>または維持してはならない。
▶establishは，「～を立証する」という意味で使われることもあります（No.218を参照）。

678	**establishment** (istǽbliʃmənt)	〈名〉施設，設立

□□□ <u>establishment</u> of a branch office　支店事務所の<u>設立</u>
▶「立証」という意味で使われることもあります（No.218を参照）。

679	**advertise** (ǽdvərtàiz)	〈他〉を宣伝する

□□□ The Distributor shall continuously offer, <u>advertise</u>, demonstrate and otherwise promote the sale of Products in the Territory.
販売店は，テリトリー内で，継続的に，製品販売の提案，<u>宣伝</u>，デモ，およびその他の販売促進を行わなければならない。

680	**advertisement** (ǽdvərtáizmənt)	〈名〉宣伝

□□□ <u>advertisement</u> of the Product　製品の<u>宣伝</u>

681	**promotion** (prəmóuʃən)	〈名〉販売促進

□□□ <u>promotion</u> and advertising campaigns
<u>販売促進</u>および広告キャンペーン

682	**promotional**	〈形〉販売促進の

□□□ **promotional** materials produced by the Supplier
供給者が作成した**販売促進**資料

683	**customer** (kʌ́stəmər)	〈名〉顧客

□□□ ▶販売店契約では，販売店が製品を販売する相手。
an agreement between the Distributor and a **customer** for the provision of the Product
製品の提供のための販売店と**顧客**との間の契約

684	**prospective** (prəspéktiv)	〈形〉見込みのある

□□□ a **prospective** customer　見込み客

685	**solicit** (səlísət)	〈他〉を請い求める

□□□ The Distributor shall not **solicit** orders from any prospective purchaser with its principal place of business located outside the Territory.
販売店は，テリトリー外に本社を持つ見込み客から注文**を求めて**はいけない。

686	**solicitation** (səlisətéiʃən)	〈名〉勧誘

□□□ **solicitation** activities　**勧誘**活動，営業活動

687	**trademark** (tréidmàrk)	〈名〉商標

□□□ The Supplier hereby grants to the Distributor a non-exclusive, non-transferable, and non-sublicensable license to use the Supplier's **Trademarks** in the Territory.
供給者は，本契約により，販売店に対して，テリトリー内で供給者の**商標**を使用する非排他的，譲渡不可，およびサブライセンス不可である権利を与える。

688	**logo** (lóugou)	〈名〉ロゴ，ロゴマーク
689	**branch** (brǽntʃ)	〈名〉支店

□□□ ▶branch（支店）とsubsidiary（子会社）の違いは？→重要事項(37)へ

690	**warehouse** (wéərhàus)	〈名〉倉庫，商品保管所

□□□ establishment of a **warehouse**　倉庫の設立

691	**facility** (fəsíləti)	〈名〉施設，設備

□□□ distribution facilities　流通設備

▶融資契約では，「融資枠」の意味で使われます。また，建設契約では，the facilitiesで「手洗い，トイレ」の意味で使われることもあります。

692	**order** (ɔ́ːrdər)	〈名〉注文，命令

□□□ The Distributor shall place an <u>order</u> of the Product to the Supplier on the end of every month.

販売店は，毎月末に，供給者に対して，製品の**注文**を行わなければならない。

693	**individual contract** (ìndəvídʒuəl)	個別契約

□□□ ▶基本契約と個別契約の関係は？→重要事項(38)へ

the <u>individual contract</u> executed between the Supplier and the Distributor

供給者および販売店間で締結された**個別契約**

694	**inconsistent** (ìnkənsístənt)	〈形〉矛盾した

□□□ In the event that any provision of this Special Conditions is <u>inconsistent</u> with the terms of the General Conditions, the terms of the Special Conditions shall prevail.

この特別条件が一般条件と**矛盾している**場合には，特別条件が優先する。

695	**prevail** (privéil)	〈自〉優先する

□□□ If there exists any difference or inconsistency between the terms and conditions in the Individual Agreement and this Agreement, the terms and conditions in the Individual Agreement shall <u>prevail</u>.

もしも，個別契約と本契約の条件において，相違または矛盾がある場合には，個別契約の条文が**優先する**。

▶販売店契約は，通常，基本契約です。この基本契約の条項に加えて，個々の取引ごとに異なる条件とされる事項，例えば，契約金額や納期などが，発注書と請書のやりとりによって個別に契約されるのが一般的です。そして，基本契約と個別契約の間で矛盾が生じる場合に備えて，基本契約の中に，上のような優先関係を定める条文が定められます。

supersede　〈他〉The former will supersede the latter.　前者は後者に優先する。

696	**research**（rísə́ːrtʃ）	〈名〉研究，調査

☐☐☐ joint **research** and development agreement　共同**研究**開発契約
▶共同研究開発契約とは，複数の者が協力して何かを研究する際に交わされる契約。企業同士で交わされる場合もあれば，企業と大学間で交わされることもあります。定められる主な内容は，①各当事者の役割，②費用の分担，③成果の帰属と扱いなど。

697	**feasibility study**（fìːzəbíləti）	**実現可能性調査**

☐☐☐ ▶ある事業を開始する前に，その事業が計画通りに進むかどうかを検討すること。略してFSと呼ばれることもあります。

698	**statement**（stéitmənt）	〈名〉記述

☐☐☐ **statement** of work　仕事の**記述**
▶略してSOWとすることもあります。もっとも，SOWは請負契約における請負者の仕事の範囲を意味するscope of workの略であることもあります。

699	**cooperative**（kouάːpərətiv）	〈形〉共同の，協力的な

☐☐☐ the **cooperative** work to be performed under this Agreement
本契約に基づいて履行されるべき**共同**作業

700	**collaborative**（kəlǽbərèitiv）	〈形〉共同の，協力的な

☐☐☐ the **collaborative** work　**共同**作業

701	**goal**（góul）	〈名〉目標，目的

☐☐☐ research **goal**　研究**目標**，研究**目的**

702	**confer**（**with**）（kənfə́ːr）	〈自〉協議する

☐☐☐ The Parties agree to **confer** and consult **with** each other prior to publication of the results of the collaborative work.
両当事者は，共同作業の結果を公表する前に，お互いに**協議**し相談することを合意する。

703	**exchange** (ikstʃéindʒ)	〈他〉を交換する

□□□ Each Party shall <u>exchange</u> the information with the other Party.
各当事者は，他方当事者と情報を<u>交換</u>しなければならない。

704	**extend** (iksténd)	〈他〉を拡張する

□□□ The Receiving Party's obligations under this Agreement shall not <u>extend</u> to any part of the information that is created by the Receiving Party before disclosure by the Disclosing Party.
本契約に基づく受領当事者の義務は，開示当事者による開示の前に受領当事者によって生み出された情報のいかなる部分にも<u>及ば</u>ないものとする。

705	**readily** (rédili)	〈副〉簡単に，容易に

□□□ any information that has been <u>readily</u> available to the public prior to the date of the disclosure
開示日以前に<u>容易</u>に入手可能であった情報

706	**reference** (réfərəns)	〈名〉参照

□□□ without <u>reference</u> to confidential information disclosed by the Disclosing Party
開示当事者によって開示される秘密情報を<u>参照</u>せずに

707	**background intellectual property**	バックグラウンド知的財産権（バックグラウンドIP）

□□□ ▶共同研究開発契約の当事者が研究の開始前から保有していた知的財産権および研究の開始後にその研究の実施とは関係なく取得した知的財産権を意味するのが通常です。一方，共同研究開発契約の当事者が，研究の実施によって得た知的財産権はforeground intellectual property（フォアグラウンドIP）といわれています。

708	**embody** (imbá:di)	〈他〉を含む

□□□ any information <u>embodying</u> proprietary data such as a technical data
技術データのような秘密情報を<u>含んでいる</u>情報

709	**generate** (dʒénərèit)	〈他〉を生む

□□□ intellectual property rights <u>generated</u> during the performance of work under this Agreement
本契約に基づく仕事の履行の間に<u>生み出された</u>知的財産権

710	**belong** (**to**) (bilɔ́ːŋ)	〈自〉帰属する

□□□ All intellectual property rights in connection with the Product shall solely belong to the Company A.
製品に関するすべての知的財産権は，企業Aのみに帰属する。

711	**vest** (**in**) (vést)	〈自〉帰属する

□□□ Ownership of the intellectual property rights shall vest in the Party whose employee generate them.
知的財産権は，それらを生み出した従業員を雇用している当事者に帰属する。

712	**own** (óun)	〈他〉を所有する

□□□ Jointly generated intellectual property rights shall be jointly owned by the Parties.
共同で生み出された知的財産権は，両当事者に共同して帰属する。

713	**discovery** (diskʌ́vəri)	〈名〉発見（されたもの）

□□□ all intellectual property rights in inventions or discoveries created in the course of this Agreement
本契約期間中に生み出された発明または発見におけるすべての知的財産権

714	**related** (riléitəd)	〈形〉関係のある，関連する

□□□ related intellectual property rights　関連する知的財産権

715	**relevant** (réləvənt)	〈形〉関係のある，関連する

□□□ relevant intellectual property rights　関連する知的財産権
反義語irrelevant （iréləvənt）〈形〉無関係の
▶related, relevant, そしてapplicableは，「該当する」という意味のときもあります。文脈に応じて意味を判断しましょう。

716	**relating to**	に関する

□□□ intellectual property rights relating to the Product
製品に関する知的財産権

717	**apply** (**for**) (əplái)	〈自〉申請する

□□□ the cost of applying for the patent applications
特許出願の申請費用

718	**equivalent** (ikwívələnt)	〈名〉同等のもの 〈形〉同等の

□□□ copyrights, trade secrets, know-how, and any **equivalents** thereof relating to the Product
製品に関する著作権，営業情報，ノウハウ，およびそれらの**同等物**
equal 同じ単位，数値で測れるものが同じという意味→算数で出てくる
「＝」（イコール）をイメージ
equivalent ピッタリ同じでなくても，「相当する」というイメージ

719	**solely** (sóulli)	〈副〉単独で

□□□ All intellectual property rights in connection with the Product shall **solely** belong to the Company A.
製品に関するすべての知的財産権は，企業Aに**のみ**帰属する。

共同研究開発契約を読む人は，
秘密保持契約の英単語も覚えましょう。

第7章	ライセンス契約の英単語	720▶783

720	**license agreement**	ライセンス契約

□□□ ▶一方の当事者（ライセンサー）が保有している技術について，他方の当事者（ライセンシー）に使用を許諾する契約。ライセンシーはライセンサーに対して，許諾についての対価を支払います。ライセンシーは，一から自力で技術を開発する時間を省くことができ，一方，ライセンサーは自分で製品を製造しなくても利益を得ることができるというメリットがあります。例えば，日本の原子力発電所の多くは，米国のGE社と日立や東芝間の技術ライセンス契約に基づいて使用が許諾された技術によって作られています。

721	**technical transfer agreement**	技術移転契約

□□□ ▶通常はライセンス契約を意味します。

722	**licensor** (láisənsər)	〈名〉ライセンサー，許諾者

□□□ ▶ライセンス契約において，技術の使用を許諾する当事者を指します。日本語では，「許諾者」が正式な呼び方ですが，一般にはライセンサーで十分通じるだけでなく，「許諾者」よりも馴染みがあるといえます。

723	**licensee** (làisənsí:)	〈名〉ライセンシー，実施権者

□□□ ▶ライセンス契約において，技術の使用の許諾を得る当事者を指します。

724	**provide** (prəváid)	〈他〉を提供する

□□□ ▶<u>provide</u> A to B/provide B with Aで，「AをBに提供する」
The Licensor shall **provide** the Technical Information **to** the Licensee.
The Licensor shall **provide** the Licensee **with** the Technical Information.
ライセンサーは，技術情報<u>を</u>ライセンシー<u>に</u>提供しなければならない。
▶provideには，「を定める」という意味もあります（No.134を参照）。

725	**provision** (prəvíʒən)	〈名〉提供

□□□ the **provision** of the Technical Information to the Licensee
ライセンシーへの技術情報の**提供**
▶provisionには「条文」という意味もあります（No.90を参照）。

726	**furnish** (fə́ːrniʃ)	〈他〉を提供する

□□□ The Licensor shall **furnish** the Technical Information to the Licensee within 10 days after the execution of this Agreement.
ライセンサーは，契約締結後10日以内に，ライセンシーに技術情報**を提供し**なければならない。

727	**grant** (grǽnt)	〈他〉を与える grant A B/grant B to Aで「AにBを与える」

□□□ ▶ライセンス契約でライセンサーがライセンシーにノウハウや特許などの使用を認める旨を定める際に使われます。
The Licensor hereby **grants** to the Licensee the license to use the Technical Information.
ライセンサーは，本条により，技術情報を使うライセンスをライセンシーに**与える**。

728	**hereby** (hìərbái)	本条により

□□□ hereby＝by this provision
▶herebyが使われる場合とは？→重要事項(39)へ

729	**dispatch** (dispǽtʃ)	〈他〉を派遣する

□□□ ▶技術者を派遣する旨を定める際によく使われます。
The Licensor shall **dispatch** its engineers for the purpose of providing technical assistance at the Licensee's office or factory.
ライセンサーは，ライセンシーの事務所または工場で技術支援を提供する目的で，技術者**を派遣**しなければならない。

730	**sublicense** (sʌbláisns)	〈名〉サブライセンス，再実施権 〈他〉サブライセンスを許諾する

□□□ ▶サブライセンスとは，ライセンサーからライセンスを受けたノウハウや特許について，ライセンシーが第三者にライセンスを与えることを指します。
The right and license granted under Article 3.1 hereof does not include the right to **sublicense** to any third party.
本契約の第3条第1項に基づき与えられる権利およびライセンスは，第三者に**再実施権を許諾する**権利を含まない。

731	**have manufactured**	製造させる

□□□ the license to design, manufacture, <u>have manufactured</u>, or, sale the Product
製品を設計，製造，<u>製造させる</u>，または販売するライセンス
▶sublicenseとhave manufacturedの違いは？→重要事項(40)へ

732	**train** (tréin)	〈他〉を訓練する

□□□ The Licensor shall <u>train</u> the Licensee's personnel.
ライセンサーは，ライセンシーの従業員<u>を訓練</u>しなければならない。

733	**trainer** (tréinər)	〈他〉トレーナー，指導者，訓練する人

□□□ The Licensor shall dispatch the <u>Trainers</u> to the Licensee's factory.
ライセンサーは，ライセンシーの工場に<u>指導者</u>を派遣しなければならない。

734	**trainee** (treiní:)	〈名〉訓練生，見習い，研修生

□□□ train the <u>Trainee</u>　訓練生を訓練する

735	**engineer** (èndʒəníər)	〈名〉エンジニア，技術者

□□□ engineering 〈名〉(èndʒəníəriŋ)　工学技術（の駆使）

736	**technical assistance**	技術援助

□□□ ▶ライセンス契約において，ライセンサーがライセンシーに対し，ライセンスした技術の使い方を教えること。

737	**instruction** (instrʌ́kʃən)	〈名〉指示，命令

□□□ in accordance with the Licensor's <u>instruction</u>
ライセンサーの<u>指示</u>に従って
▶instructor (instrʌ́ktər)（インストラクター）は，スポーツジムで丁寧に教えてくれる人，という意味でよく使われていますが，契約書でinstructionという場合には，「このようにせよ」という命令の意味で使われることが多いです。

738	**per diem** (pərdí:əm)	1日につき
739	**living expenses**	生活費

□□□ reasonable <u>living expenses</u> for lodging and meals
宿泊および食事のための合理的な<u>生活費</u>

740	**exclusive license** (iksklú:siv)	排他的／独占的ライセンス

□□□ ▶ライセンス契約において，ライセンシーが独占的にその技術を使用できる権利。

741	**non-exclusive license**	非排他的／非独占的ライセンス

□□□ ▶ライセンス契約において，ライセンシーが非独占的にその技術を使用できる権利。

742	**license** (láisns)	〈名〉ライセンス，許諾，許可

□□□ ▶ライセンス契約中では，right and licenseのように，「権利」を意味するrightと併記されることが多いです。
なお，permitやpermissionなども許諾・許可という意味ですが，これらはライセンス契約における「ライセンス」という意味ではまず使われません。

743	**know-how**	〈名〉ノウハウ，技術情報

□□□ ▶ノウハウとは，製造や販売などに関する価値ある情報です。これを特許として出願し，特許権が認められると，その情報を他者が使うことを禁止することができます。その特許化された情報を使いたい他者は，特許料という対価を支払わないといけなくなります。特許化されるとその情報は公開されますが，ノウハウのままで特許化しないのであれば，秘密のままとされます。

744	**patent** (pǽtnt)	〈名〉特許，特許権

□□□ ▶知的財産権（intellectual property right）の1つです。第三者の特許権を使うためには，その第三者（特許権者）と特許に関するライセンス契約を締結し，対価を支払う必要があります。特許を無断で使うと，特許権者から損害賠償の請求を受けることになります。

745	**utility model right** (ju:tíləti)	実用新案権

□□□ ▶自然法則を利用した技術的アイデアのうち，物品の形状，構造または組み合わせに関する考案を保護するための権利です。考案とは，自然法則を利用した技術的思想の創作，つまり，経験的に見出される科学的な法則を利用した，第三者に伝達できるアイデアのことです。実用新案権は，考案の中でも，物の形態に関する工夫を保護するものです。

基本(1) 基本(2) 秘密保持 売買・業務委託 販売店 共同研究開発 **ライセンス** 合弁 株式譲渡 一般条項 その他重要事項

746	**permit** (pərmít)	〈他〉を許可する

□□□ permit A to doで「Aが〜するのを許す」
The Receiving Party shall not **permit** any third party to use the Confidential Information for any purposes other than the purpose specified in Sub-Clause 1.2 hereof.
受領当事者は，本契約の第1条第2項に定められている目的以外の目的のために第三者が秘密情報を使用すること**を許可**してはならない。
▶permitは名詞として「許可書」(pə́ːrmit) となります。

747	**permission** (pərmíʃən)	〈名〉同意，許可（概念としてのもの）

□□□ without the Disclosing Party's prior written **permission**
開示当事者の事前の書面による**許可**なしに

748	**territory** (térətɔ̀ːri)	〈名〉テリトリー，領域，地域

□□□ ▶ライセンス契約では，ライセンサーがライセンシーに対して技術情報の使用を許諾する地域の意味で使われます。通常，契約中では定義され，Territoryと表記されます。
"**Territory**" means Japan and other countries as may be agreed between the Licensor and the Licensee.
テリトリーとは，日本およびライセンサーとライセンシー間で合意される他の国を意味する。

749	**enhance** (inhǽns)	〈他〉を改良する，を強化する

□□□ right to **enhance** the Licensed Product
ライセンス製品を**改良する**権利

750	**enhancement** (inhǽnsmənt)	〈名〉改良，強化

□□□ **enhancement** to the Licensed Product
ライセンス製品の**改良**

751	**deliverable** (dilívərərəbl)	〈名〉成果物，提出物

□□□ ▶通例は，deliverablesとsがつきます。

752	**compatible** (kəmpǽtəbl)	〈形〉互換性のある

□□□ That information must be provided in a format that is **compatible** with the Licensor's information technology.
その情報は，ライセンサーの情報技術と**互換性のある**形式で提供されなければならない。

753	**initial payment/amount** (iníʃəl)	一時金

□□□ ▶ライセンス契約における対価の支払方法の1つで，主に，契約締結後数日
〜数週間以内にライセンシーからライセンサーに支払われる金額です。ラ
イセンサーからライセンシーへの技術情報の提供と同時に一時金が支払わ
れるようにされることもよくあります。

The Licensee shall pay USD 1 million as <u>an initial amount</u> to the
Licensor.

ライセンシーは，ライセンサーに対して，<u>一時金</u>として100万米ドルを支
払わなければならない。

754	**royalty** (rɔ́iəlti)	〈名〉ロイヤルティ，特許などの使用料

□□□ ▶ライセンス契約における対価の定め方としてよく用いられるもの。ライセン
ス製品が売れたら売れただけライセンシーからライセンサーに支払われ
るもの。

755	**running royalty**	ランニングロイヤルティ

□□□ ▶このrunningは，「連続する」という意味の形容詞です。
ライセンス契約における対価の支払方法の1つで，半年ごとや毎年など，
ある一定の期間ごとにライセンシーがライセンス製品を顧客に販売した金
額の一部をライセンサーに支払うものです。ライセンス製品が売れたら売
れた分だけ繰り返しライセンサーはランニングロイヤルティを得られるこ
とになります。この「繰り返し」をrunningで意味していると思われます。

756	**minimum running royalty** (míniməm)	最低ランニングロイヤルティ

□□□ ▶通常のロイヤルティとは異なり，ライセンス製品がライセンシーから販売
されなくても，ライセンシーがライセンサーに支払わなければならない金
額。

757	**royalty-free**	〈形〉ロイヤルティーフリーの，無償の

□□□ The Licensor hereby grants to the Licensee a worldwide,
<u>royalty-free</u>, non-exclusive, and non-transferable right.
ライセンサーは，本条項により，ライセンシーに対して，全世界で，<u>無償</u>
<u>の</u>，非排他的で，譲渡不可の権利を与える。

758	**consideration** (kənsidəréiʃən)	〈名〉対価

□□□ ▶契約書の頭書では，considerationは英米法における契約成立条件の1つである約因（ある約束と交換される他の約束または行為）の意味で使われますが（No.937を参照），それだけでなく，契約金額の支払を定める条項で，「対価」という意味で使われることもよくあります。

In **consideration** of the Technical Information, rights, licenses, and services given to the Licensee under this Agreement, the Licensee shall pay to the Licensor USD 1 million.

本契約に基づきライセンシーに与えられる技術情報，権利，ライセンス，および役務の**対価**として，ライセンシーはライセンサーに100万米ドルを支払わなければならない。

759	**net sales price**	正味販売価格

□□□ ▶ライセンス契約において，ランニングロイヤルティの算出の際に用いられる金額。詳しくは重要事項(41)へ

760	**non-transferable**	〈形〉譲渡不可能な

□□□ a **non-transferable** license　**譲渡不可能な**ライセンス

761	**deduct** (didʌ́kt)	〈他〉を差し引く，を控除する

□□□ To the extent the Licensee is required to **deduct** and withhold taxes on any payment to the Licensor under applicable Law,

適用される法律に基づいて，ライセンシーがライセンサーへの支払に関し税金**を控除し**，源泉徴収することを求められる範囲で，

762	**deduction** (didʌ́kʃən)	〈名〉差引，控除，控除額

□□□ **deduction** of the withholding income tax
源泉所得税の**控除**

763	**subtract** (səbtrǽkt)	〈他〉を差し引く，を控除する

□□□ ▶源泉所得税を差し引くという場合には，deductを用いるのが通常です。

764	**withholding income tax**	源泉所得税

□□□ ▶海外企業とのライセンス契約では，ライセンシーはライセンサーに対価を支払う際に，ライセンシーの所在地国に税金を納めなければなりません。これが源泉所得税です。ライセンシーは，源泉所得税を差し引いた残りをライセンサーに支払います。

| 765 | **authority** (əθɔ́ːrəti) | 〈名〉当局→行政上該当する関係官庁をそれとなくさす語。 |

□□□ the tax **authority**　税務当局（税務に関する官庁）

| 766 | **evidence** (évədəns) | 〈名〉証拠　〈他〉を立証する |

□□□ all available **evidence**　すべての入手可能な証拠

The Licensee shall send to the Licensor tax certificate **evidencing** the withholding income tax amount paid to Japanese tax authority.

ライセンシーは，日本の税務当局に支払われた源泉所得税額を証明する納税証明書をライセンサーに送付しなければならない。

| 767 | **verify** (vérəfài) | 〈他〉を確かめる |

□□□ The Licensee shall keep complete and accurate books and records in sufficient detail to enable the Licensor to **verify** the amounts due to it hereunder.

ライセンシーは，本契約に基づきライセンサーに支払われるべき金額をライセンサーが確認することができるように，十分に詳細な完全かつ正確な会計帳簿および記録を保管しなければならない。

| 768 | **verification** (vèrəfikéiʃən) | 〈名〉確認，検証 |

□□□ **verification** of the amounts due to the Licensor under this Contract

本契約に基づきライセンサーに支払われるべき金額の確認

| 769 | **statement** (stéitmənt) | 〈名〉報告書 |

□□□ The royalty **statement** shall set forth the quantity of each item of the Licensed Products manufactured and sold during a given Contract Year.

ロイヤリティの報告書は，指定された契約年度の間に製造および販売されたライセンス製品の各項目の数量を記載しなければならない。

| 770 | **conversion** (kənvə́ːrʒən) | 〈名〉変換，換算 |

□□□ **conversion** from Japanese yen to U.S. currency

日本円から米ドルへの換算

| 771 | **exchange rate** | 為替レート |

772	**exercise** (éksərsàiz)	〈名〉行使 〈他〉を行使する
□□□	the Licensee's **exercise** of the rights or licenses granted hereunder 本契約に基づき与えられた権利またはライセンスのライセンシーによる<u>行使</u>	

773	**audit** (ɔ́:dət)	〈他〉を監査する 〈名〉監査
□□□	The Licensor may **audit** the records and books of accounting during normal business hours. ライセンサーは，通常の営業時間中に，記録および会計帳簿<u>を監査する</u>ことができる。 auditor (ɔ́:dətər) 〈名〉監査役	

774	**certificate** (sərtífikət)	〈名〉証明書（書面）
□□□	a tax **certificate** 納税証明書	

775	**certification** (sə̀:rtəfikéiʃən)	〈名〉証明
□□□	▶certificateは証明書，certificationは概念としての証明で，不可算名詞。よって，文書としての証明書はcertificateが用いられるのが通常。証明書の例としては，Taking Over Certificate（検収証明書）があります。	

776	**from time to time**	時々，適宜，都度
□□□	Upon the Licensee's request **from time to time** during this Agreement, 本契約中にライセンシーの<u>都度</u>の要求があり次第,	

777	**improve** (imprú:v)	〈他〉を改良する
□□□	<u>improve</u> the Licensed Products ライセンス製品<u>を改良する</u>	

778	**improvement** (imprú:vmənt)	〈名〉改良
□□□	the **improvement** of the Licensed Products ライセンス製品の<u>改良</u>	

779	**invent** (invént)	〈他〉を発明する
□□□	<u>invent</u> the intellectual property rights 知的財産権<u>を発明する</u>	

780	**invention** (invénʃən)	〈名〉発明

□□□ The ownership of such intellectual property is held by the party whose employee made the **invention**.
かかる知的財産権は、その**発明**を行った従業員を雇用する当事者に保有される。

781	**quality** (kwɔ́:ləti)	〈名〉品質

□□□ to maintain the **quality** of the Licensed Products
ライセンス製品の**品質**を維持するために

782	**quantity** (kwɑ́:ntəti)	〈名〉分量，数量

□□□ the **quantity** of each item of the Licensed Products manufactured and sold hereunder
本契約に基づいて製造および販売されたライセンス製品の各アイテムの**数量**

783	**compete** (with) (kəmpí:t)	〈自〉競争する，競合する

□□□ The Licensee shall not design, manufacture, or sell any product which **competes** with the Licensed Products in the Territory during the term of this Agreement.
ライセンシーは，本契約の期間中，テリトリー内で，ライセンス製品と**競合する**製品を設計，製造，または販売してはならない。
competitor (kəmpétətər) 〈名〉競争相手
competition (kὰ:mpətíʃən) 〈名〉競争
competition law　競争法
日本の独占禁止法に当たる法律を国際的にはこう呼ぶことが多いです。なお，米国では，antitrust law（反トラスト法）と呼びます。

ライセンス契約を読む人は，
秘密保持契約の英単語も覚えましょう。

第8章	合弁契約の英単語	784▶878

---

784 | **foreign direct investment** | 海外直接投資（略してFDI）

□□□ ▶foreign direct investment in India　インドへの**海外直接投資**
　　　海外直接投資とは，「永続的に利益を獲得するため，外国の企業に対して
　　　資本を投下して事業を営むこと」です。海外直接投資には，対内直接投資
　　　と対外直接投資があります。日本を基準に考えると，対外直接投資は，日
　　　系企業が海外に投資をすること，対内直接投資は，海外の企業が日本に投
　　　資をすることです。よって，日系企業が海外に法人を設立することは，対
　　　外直接投資です。

---

785 | **foreign indirect investment** | 海外間接投資

□□□ ▶海外間接投資とは，単に海外の企業の株式を取得して，金融利潤だけを取
　　　得することを目的とする投資です。投資をする企業が事業を行わない点で
　　　上のFDIと異なります。

---

786 | **regulation** (règjəléiʃən) | 〈名〉規制

□□□ regulations of foreign direct investment　海外直接投資**規制**
　　　▶各国には，外国から自国への投資に関する様々な規制があります。例えば，
　　　ある分野の事業をその国で行う企業を設立するには，自国の企業が一定の
　　　割合の株式を保有していなければならないなどです。海外に会社を設立す
　　　る際は，各国におけるこの種の規制をまず調査しましょう。

---

787 | **joint venture agreement** | 合弁契約

□□□ ▶2以上の企業がお互いに出資し合って1つの会社を設立する場合に，出資
　　　する企業間で交わされる契約です。合弁契約の当事者たちはその新しい会
　　　社の株主となります。合弁契約では対価の支払はありません。ただ，契約
　　　当事者による新会社への出資という形で資金が提供されます。設立される
　　　会社は，「合弁会社」，「JV」，「ジョイントベンチャー」，さらには「ジョ
　　　イベン」などと呼ばれます。なお，ventureには，「冒険（投機）的事業」
　　　という意味があります。

788	**subscribe** (**for**) (səbskráib)	〈自〉申し込む，引き受ける

☐☐☐ The Parties shall <u>subscribe for</u> the shares issued by the Newco pursuant to Section 1 hereof as follows:
契約当事者は，本条第1項に従って新会社によって発行される株式を，以下のように，<u>引き受け</u>なければならない。

789	**Newco/NewCo**	〈名〉新会社

☐☐☐ ▶合弁契約では，新しく設立される会社をNewcoと定義することがよく行われます。Newcoとは，<u>new</u> corporationや<u>new</u> companyの略です。つまり，「新会社」という意味です。

790	**stock corporation**	株式会社

☐☐☐ incorporation of a <u>stock corporation</u> 株式会社の設立

791	**articles of incorporation** (inkò:rpəréiʃən)	基本定款

☐☐☐ ▶米国における会社を設立するために必要な書類。州で定められた会社の基本情報が記載され日本の「登記簿」に類似したもので，州に提出し登録されます。①商号，②存続期間，③目的，④資本の構造，⑤登録事務所の住所，登録代理人の指名，⑥取締役の人数，最初の取締役構成員の氏名・住所，⑦設立者の氏名・住所などが記載されます。
the <u>Articles of Incorporation</u> of the Company
会社の<u>基本定款</u>

792	**by-laws**	〈名〉付属定款

☐☐☐ ▶米国で会社を設立する際に作成される，会社内の詳細な規定であり日本の「定款」に当てはまります。社内業務を統括するための一連の規制です。これには，基本定款には記載されない最初のオフィサーの選任，取締役会など詳細にわたり記載されます。なお，通常，付属定款は州には提出されず，会社で保管します。
the <u>By-Laws</u> of the Company 会社の<u>付属定款</u>

793	**share** (ʃeɚr)	〈名〉株式，分け前

☐☐☐ one vote for each <u>share</u> 1<u>株</u>1議決権

794	**stock** (stɑ:k)	〈名〉株式，資本金，払込資本金，在庫，在庫品

□□□ common **stock**　普通**株式**

▶shareとstockはどちらも株式の意味を持ちますが，shareは総資本であるstockを分けた1株というニュアンスがあります。よって，株数を表す場合にはshareを用います。例えば，1万株は，ten thousand <u>shares</u>であって，ten thousand stocksとは書きません。

795	**shareholder** (ʃéərhòuldər)	〈名〉株主

□□□ ▶他にstockholder (stɑ́khòuldər) とも書きます。

796	**stakeholder** (stéikhòuldər)	〈名〉利害関係者

□□□ ▶会社などの組織のパフォーマンスや動向によって，何らかの影響を受ける人や，利害関係が生じる人。stakeholderになるのは株主（shareholder, stockholder）だけでなく，その会社の従業員，その家族，顧客，そして会社がある地域の住民なども含まれます。

797	**general meeting of shareholders** (dʒénərəl)	株主総会

□□□ ▶会社のすべての株主が参加する会議で，会社の最高意思決定機関です。

798	**annual meeting of shareholders**	定時株主総会

□□□ ▶毎年の開催時期があらかじめ決まっている株主総会です。
Newco shall hold <u>an annual meeting of shareholders</u> within 3 months from the end of each fiscal year.
新会社は，各会計年度の終了から3カ月以内に，**定時株主総会**を開催しなければならない。

799	**special meeting of shareholders**	臨時株主総会

□□□ ▶必要に応じて開催される株主総会です。
Whenever necessity arises, Newco may hold <u>a special meeting of shareholders</u>.
必要が生じたら，新会社は**臨時株主総会**を開催することができる。

800	**director** (dəréktər)	〈名〉取締役

□□□ ▶株式会社の取締役会の構成員として，会社の業務執行に関する意思決定や監督を行う者です。株主総会で選任されます。
a representative **director**　代表<u>取締役</u>
▶directorとofficerの違いは？→重要事項(42)へ

801	**consist** (**of**) (kənsíst)	〈自〉からなる
□□□	The Board of Directors shall <u>consist</u> of one or more members. 取締役会は，1人以上のメンバー<u>からなる</u>。	

802	**constitute** (ká:nstətù:t)	〈他〉を構成する
□□□	individuals who <u>constitute</u> the Newco's Board of Directors 新会社の取締役会<u>を構成する</u>個人	

803	**remuneration** (rimjù:nəréiʃən)	〈名〉報酬
□□□	the <u>remuneration</u> of the directors　取締役の<u>報酬</u>	

804	**board** (bɔ́:rd)	〈名〉（会社その他の組織で決定権・支配権を持つ）集団，役員会，重役会
□□□	the <u>board</u> of directors　取締役<u>会</u>	

805	**regular meeting of the board of directors**	通常取締役会
□□□	▶毎年開催される時期があらかじめ決められている取締役会。	

806	**special meeting of the board of directors**	臨時（特別）取締役会
□□□	▶決議すべき事項が生じたら開催される取締役会。	

807	**CEO**	最高経営責任者
□□□	▶Chief Executive Officerの略。	

808	**CFO**	最高財務責任者
□□□	▶Chief Financial Officerの略。	

809	**COO**	最高執行責任者
□□□	▶Chief Operating Officerの略。 ▶会社を設立する際に，どのような役割をもった役職を置かなければならないかは，設立される国の法律によって異なります。もちろん，日本と異なる場合も多々ありますので，合弁会社を設立する際は，事前にこの点を調査しましょう。	

810	**statutory auditor** (stǽtʃətɔ̀:ri)	法廷監査人
□□□	The Newco will have one <u>statutory auditor</u>. 新会社は，1名の<u>法廷監査人</u>を選任しなければならない。	

811	**incorporate** (inkɔ́:rpərèit)	〈他〉（法人）を設立する

□□□ The Parties shall **incorporate** a stock corporation in the state of New York.
両当事者は，ニューヨーク州に株式会社**を設立し**なければならない。

812	**incorporation** (inkɔ̀:rpəréiʃən)	〈名〉設立

□□□ <u>incorporation</u> of Newco　新会社の設立

813	**corporation** (kɔ̀:rpəréiʃən)	〈名〉株式会社，法人

□□□ The Parties shall incorporate a stock <u>corporation</u> under the law of Japan.
契約当事者は，日本法に基づいて，**株式会社**を設立しなければならない。

814	**majority** (mədʒɔ́:rəti)	〈名〉多数派，過半数

□□□ ▶合弁契約では，出資比率が51%以上の契約当事者をマジョリティ，49%以下の契約当事者をマイノリティと呼びます。
a simple <u>majority</u> of the total issued and outstanding shares of Newco
新会社の全発行済み株式の**単純多数（過半数）**
3分の2＝two-thirds ／ 4分の3＝three-fourths（three-quarters）
two-thirds of the votes cast on the special resolution
特別決議において投じられた票の3分の2

815	**minority** (mənɔ́:rəti)	〈名〉少数派，半分以下の数

□□□ ▶合弁契約では，法律で強制されていない限り，法律に定められている決議条件とは異なる条件を定めることができます。つまり，法律上は決議条件が単純過半数とされている事項について，2/3以上や，3/4以上，さらには，全会一致の賛成を必要とすると合弁契約に定めることができます。こうすることで，例えば，出資比率が10%しかないようなminorityである出資者の利益を守るということがよく行われます。

816	**unanimous** (ju(:)nǽnəməs)	〈名〉全会一致

□□□ The following matters of the Newco require the <u>unanimous</u> approval of the Parties.
新会社の以下の事項は，契約当事者の**全会一致**の承認を必要とする。

817	**fiscal year** (fískl)	会計年度

□□□ within 3 months after the end of each <u>fiscal year</u>
各**会計年度**末から3カ月以内

818	**call** (kɔːl)	〈他〉を招集する

□□□ a meeting of shareholders <u>called</u> in accordance with Section 1 hereof
本条第1項に従って**招集される**株主総会

819	**hold** (hóuld)	〈他〉～を開催する

□□□ Regular meeting of the Board of Directors shall be <u>held</u> at least once each fiscal quarter.
定時取締役会は，少なくとも，会計四半期に一度**開催され**なければならない。

▶株主総会を招集し（call），定足数（quorum）を満たしたら，株主総会を開催することができ（hold），議題について決議をする（resolute），という流れになります。

820	**agenda** (ədʒéndə)	〈名〉議題

□□□ the <u>agenda</u> of the meeting of the shareholders
株主総会の**議題**

821	**preside** (prizáid)	〈他〉（議長）を務める

□□□ The President of Newco shall <u>preside</u> as chairperson at every meeting of shareholders.
新会社の社長は，すべての株主総会において議長として**議事を進行し**なければならない。

822	**president** (prézədənt)	〈名〉大統領，社長

□□□ the <u>president</u> of the Corporation　会社の社長

823	**chairman** (tʃéərmən)	〈名〉議長

□□□ ▶性差別をなくす観点からchairperson（議長）という言葉が生まれました。

824	**quorum** (kwɔ́ːrəm)	〈名〉定足数（会議を開催するために必要となる条件）

□□□ ▶定足数とは，ある議題について決議するために必要となる条件ではなく，会議を開催するために必要となる条件を指します。
The <u>quorum</u> necessary for holding any meeting of shareholders shall be a simple majority of the total issued and outstanding shares of Newco.
株主総会を開催するために必要となる**定足数**は，新会社の全発行済株式数の単純過半数とする。

825	**vote**（vóut）	〈名〉議決権　〈自〉投票する
□□□	one <u>vote</u> for each share　1株1<u>議決権</u> Each director shall have one <u>vote</u> on all matters. 各取締役は，すべての事項に関して1<u>議決権</u>を有する。	

826	**a tie breaking vote**	決定票
□□□	▶賛成と反対の票が同数であった場合にどちらに決定するか決める投票権。	

827	**resolution**（rèzəlúːʃən）	〈名〉決議
□□□	a <u>resolution</u> at a meeting of shareholders 株主総会における<u>決議</u> a board <u>resolution</u>/a <u>resolution</u> of board of directors 取締役会決議	

828	**proxy**（prɑ́ːksi）	〈名〉代理, 委任　（株主総会議決権行使の）
□□□	by means of a proxy　<u>委任</u>によって	

829	**power of attorney**	委任状
□□□	attorney（ətə́ːrni）〈名〉法律家, 弁護士 ▶株主総会決議の委任はproxyで，一般的な委任はpower of attorneyとなります。 an attorney duly appointed in writing 書面で正当に任命された弁護士	

830	**revoke**（rivóuk）	〈他〉～を取り消す
□□□	A shareholder may <u>revoke</u> a proxy in accordance with the laws of Japan. 株主は，日本法に従って，委任状<u>を取り消す</u>ことができる。	

831	**adjournment**（ədʒə́ːrnmənt）	〈名〉延会, 延期
□□□	an <u>adjournment</u> of the general meeting of shareholders 株主総会の<u>延会</u>	

832	**present**（préznt）	〈形〉出席している〈他〉を提示する
□□□	each person entitled to vote who was <u>present</u> in person or by proxy 本人または代理人によって<u>出席</u>した議決権を有する者	

833	**nominate** (nάːmənèit)	〈他〉を指名する
□□□	a right to <u>nominate</u> directors　取締役を指名する権利	

834	**nomination** (nὰːmənéiʃən)	〈名〉指名
□□□	<u>nomination</u> of directors　取締役の指名	

835	**designate** (dézignèit)	〈他〉を指名する
□□□	a right to <u>designate</u> directors　取締役を指名する権利	

836	**designation** (dèzignéiʃən)	〈名〉指名
□□□	<u>designation</u> of directors　取締役の指名 「指名」と「任命」は異なります。 指名だけでは，まだその者は取締役に就任とはなりません。指名された後に任命されてはじめて取締役となります。	

837	**elect** (ilékt)	〈他〉を任命する
□□□	The shareholders may **elect** a director to fill the vacancy. 株主は，空席を埋めるために，取締役を任命することができる。 ▶electの他に，appoint (əpɔ́int) も使われます。 The directors of Newco shall be **appointed** at a meeting of the shareholders. 新会社の取締役は，株主総会で任命される。	

838	**election** (ilékʃən)	〈名〉任命
□□□	<u>election</u> of directors　取締役の任命 <u>appointment</u> of directors　取締役の任命	

839	**office** (άːfəs)	〈名〉職務，事務所
□□□	the term of <u>office</u> of a director　取締役の職務の任期 the principal <u>office</u>　主たる事務所	

840	**resign** (rizáin)	〈他〉を辞職する 〈自〉resign as を辞職する
□□□	Any Director may **resign** as Director of the Company upon written notice to the Board of Directors. 取締役は，取締役会への書面の通知により，会社の取締役を辞職することができる。	

841	**resignation** (rèzignéiʃən)	〈名〉辞職
□□□	<u>resignation</u> of a director　取締役の辞職	

842	**remove**（rimúːv）	〈他〉を解任する

☐☐☐ The Company may <u>remove</u> any director before the expiration of his or her term of office by special resolution.
会社は，特別決議により，職務の任期が満了する前に，取締役<u>を解任する</u>ことができる。

843	**removal**（rimúːvl）	〈名〉解任

☐☐☐ In case of the death, resignation, or <u>removal</u> of a director prior to the expiration of this term,
任期満了前に取締役が死亡，辞職，または<u>解任</u>となる場合には，

844	**financing**（fənǽnsiŋ）	〈名〉（主に米国）資金調達，融資

☐☐☐▶合弁契約によって設立した新会社がその後事業を成功させられるか否かは，新会社が円滑に資金調達を行えるか否かにかかっています。新会社そのものにはなんら実績も信用もないので，各出資者が銀行に保証を提供することで，新会社は銀行から比較的低利子で融資を受けられるようになることもあります。よって，合弁契約の協議を進める際には，銀行との間で資金調達についても協議を進める必要があります。

845	**finance**（fáinæns）	〈名〉（主に英国）資金調達，融資

☐☐☐ project <u>finance</u>　プロジェクトファイナンス
corporate <u>finance</u>　コーポレートファイナンス

846	**funding**（fʌ́ndiŋ）	〈名〉資金調達，融資
847	**loan**（lóun）	〈名〉融資
848	**contribute**（kəntríbjuːt）	〈他〉を提供する

☐☐☐ The Parties shall <u>contribute</u> to the Newco the sum of USD 10 million in the form of loan to the Newco.
契約当事者は新会社に対して，融資の形態で1,000万米ドル<u>を提供し</u>なければならない。

849	**contribution**（kὰːntrəbjúːʃən）	〈名〉貢献，寄与，拠出

☐☐☐ The Parties shall make <u>contribution</u> to the Newco as follows:
契約当事者は，以下の通り，新会社に対して<u>拠出</u>しなければならない。

850	**divide** (diváid)	〈他〉を分ける

□□□ In the event the Parties are <u>divided</u> on any matter listed in Section 1 hereof, then a deadlock between the Parties shall be deemed to have occurred.
もしも両当事者が本条第１項に列挙されている事項に関して意見が**割れた**場合には，両当事者間でデッドロックが生じたものとみなされる。

851	**dividend** (dívədènd)	〈名〉配当

□□□ an annual <u>dividend</u> for each fiscal year　各会計年度の**配当**

852	**transfer of shares**	株式譲渡

□□□ ▶合弁契約では，出資者らは，株式譲渡を制限されるのが通常です。これは，見知らぬ第三者が合弁契約の出資者として参加し，合弁会社の経営に介入してくることを防ぐためです。通常は，合弁契約締結後一定期間は株式譲渡が禁止され，その期間経過後はある一定の条件の下で譲渡が可能となる仕組みがとられることが多いです。

853	**transfer** 動 (trænsféːr) 名 (trænsfəːr)	〈他〉を譲渡する 〈名〉譲渡

□□□ The Parties shall not <u>transfer</u> the shares of Newco to any third party within 10 years after the execution of this Agreement.
本契約当事者は，本契約の締結から10年間，第三者に対して株式<u>を譲渡して</u>はならない。

854	**assign** (əsáin)	〈他〉を譲渡する

□□□ Neither Party may transfer, <u>assign</u>, or sell the shares of Newco to any third party before September 1, 2030.
いずれの当事者も，2030年９月１日よりも前に第三者に株式<u>を譲渡して</u>はならない。

855	**option** (áːpʃən)	〈名〉オプション，選択権

□□□ ▶put <u>option</u> プット・**オプション**（No.857を参照）
▶call <u>option</u> コール・**オプション**（No.858を参照）

856	**first refusal right**	先買権または拒否権

□□□ ▶合弁契約におけるある出資者が株式を第三者に譲渡したいと考えたとき，別の出資者が第三者に先んじてその株式の譲渡を受ける権利のことです。先買権を持つ出資者が株式を購入しない場合には，その株式はそのまま第三者に譲渡されることになります。

857	**put option**	プット・オプション

□□□ ▶合弁契約におけるある出資者が，その保有する株式を他の出資者に購入するように求めることができる権利。プット・オプションを行使された出資者は，株式を購入する義務を負います。通常，合弁契約のマイノリティが保有していることが多いです。put＝「押し出す」から，自分の株式を相手に押し出し，「引き取って欲しい」と求めるイメージを持つと理解しやすいでしょう。

858	**call option**	コール・オプション

□□□ ▶プット・オプションの逆バージョンといえます。合弁契約における出資者が，他の出資者に対して，その保有する株式を自社に譲渡するように求めることができる権利。コール・オプションを行使された出資者は，株式を譲渡する義務を負います。call＝「呼ぶ」から，相手の株式を自分のところに「持ってきて」と求めるイメージを持つと理解しやすいでしょう。

859	**tag-along**	タグアロング＝共同売却請求権

□□□ ▶合弁契約におけるある出資者がその保有する株式を第三者に譲渡する場合に，他の出資者が自己の保有する株式も一緒にその第三者に対して譲渡することを求める権利。

860	**co-sale option**	共同売却権

□□□ ▶tag-alongの別名。

861	**drag-along**	ドラッグアロング＝強制売却請求権

□□□ ▶合弁契約における出資者が第三者にその保有する株式を譲渡する場合に，他の出資者の保有する株式も一緒にその第三者に譲渡できる権利。ちなみに，dragとは「引っ張る」という意味です。一方の当事者による持ち分の譲渡に引っ張られる形で他方の当事者の持ち分も譲渡されるイメージを持つとtag-alongとの違いを理解しやすいでしょう。

862	**deadlock** (dédlàk)	〈名〉デッドロック，行き詰まり，膠着状態

□□□ ▶暗礁に乗り上げた状態を意味します。具体的には，合弁契約の出資者間で，合弁会社の経営に関してお互いに合意に至らない状態が一定期間継続した場合を指します。このような状態に陥った場合の手続は契約によって異なりますが，通常は，合弁契約の解消や，ある出資者が他の出資者の株式を購入する，といったことになります。
upon the occurrence of a <u>deadlock</u>　<u>デッドロック</u>が生じたら

863	**portion** (pɔ́ːrʃən)	〈名〉全体から区別された一部，部分

□□□ any portion of the shares in Newco owned by Company A
企業Aによって所有されている新会社の株式の**一部**
▶一方，part（pάːrt）は，全体の中の一部

864	**asset** (ǽset)	〈名〉資産，財産

□□□ the transfer of the asset of Newco　新会社の**財産**の譲渡

865	**decree** (dikríː)	〈名〉判決，命令

□□□ law, regulation, and decree　法律，規則，および**命令**

866	**but not less than all**	全部より少なくない

□□□ ▶取引の対象が全部である旨を明示する際に使われる表現です。
The Company A may purchase all (but not less than all) of shares proposed to be sold by the Company B.
企業Aは，企業Bが譲渡することを提案されている株式の全部（**全部より少なくない**）を購入することができる。

867	**but not the obligation**	義務ではない

□□□ ▶英文契約書は，権利なのか義務なのか不明確な定め方がされることがときどきあります。そのような条文に，「これは権利であって，義務ではない（つまり，してもよいが，しなければならないわけではない）」ことを明確にするために用いられる表現です。
The Company A shall have the right (but not the obligation) to purchase all or any shares of Newco owned by the Company B.
A社は，B社が保有する新会社の株式の全部または一部を購入する権利（**義務ではない**）を持っている。

868	**fair market value**	公正な市場価格，公正な取引価格

□□□ ▶合弁契約における出資者間で行われる株式譲渡の譲渡価格を決める際に用いられる価格。固定価格ではなく，その株式の取引時点の価値を算出しようとするものなので，公平な価格とすることができそうですが，難点は，どのように市場価格を決めるかについて合意に至るのに時間がかかるという点です。

869	**then** (ðén)	〈形〉その時点の

□□□ then fair market value　その時点の公正な市場価格

870	**reserve**（rizə́:rv）	〈名〉準備金

□□□ statutory **reserves**　法定準備金
▶法定準備金とは，配当せずに会社に留保しておくことが法律上求められている金額のことです。

871	**profit after tax**	税引後利益，純利益

□□□ An amount equal to at least twenty percent of its **profits after tax** after deducting the allocation for statutory reserves
法定準備金を除いた税引後利益の少なくとも20%に相当する金額

872	**net profit**	税引後利益，純利益

□□□ An amount equal to at least twenty percent of its **net profit** after deducting the allocation for statutory reserves shall be paid as an annual dividend for each fiscal year on its common stock to the Parties in cash in proportion to their shareholding ration in the Newco.
法定準備金を除いた税引後利益の少なくとも20%に相当する金額が，契約当事者への普通株式に関する各会計年度の配当として，新会社への出資比率に応じて，現金で支払われる。

873	**commit**（kəmít）	〈他〉を犯す，〜を約束する

□□□ If the Company B **commits** a material breach of its obligations under this Agreement,
もしもB社が本契約に基づくその義務について重大な違反を犯した場合には，

874	**consolidation**（kənsɑ̀lədéiʃən）	〈名〉新設合併

□□□ the merger or **consolidation** of Newco with another entity
新会社と他の会社との吸収合併または新設合併

875	**proportion**（prəpɔ́:rʃən）	〈名〉割合，比率

□□□ in **proportion** to their shareholding ratio in Newco
新会社の持ち株比率に応じて

876	**interest**（íntərəst）	〈名〉持ち株

□□□ ▶通常，英文契約書では「利息」の意味で使われることが多いですが（No.382を参照），合弁契約で「持ち株」の意味で使われることもあるので注意しましょう。

877	**offeror**	〈名〉申込者

□□□ ▶first refusal right（先買権）の行使やdeadlock（デッドロック）となった場合の株式譲渡の手続を定める条文中でよく使われる表現です。
反義語は，offeree（申込を受けた者）

878	**transferee** (trænsfərí:)	〈名〉譲受人，被譲渡人

□□□ ▶first refusal right（先買権）の行使やdeadlock（デッドロック）となった場合の株式譲渡の手続を定める条文中でよく使われる表現です。
反義語はtransferor（譲渡人）

第9章	株式譲渡契約（M&A契約）の英単語	879▶934

879	**merger** (mə́:rdʒər)	〈名〉（吸収）合併

☐☐☐ a <u>merger</u> between the two companies　2つの会社の**合併**
merge (mə́:rdʒ)〈他〉を合併する

880	**acquisition** (æ̀kwəzíʃən)	〈名〉買収，取得

☐☐☐ ▶mergers and acquisitions（合併および買収）の略です。株式譲渡契約は，M&A契約とも呼ばれます。これは，株式の売買契約です。売り買いされるのが株式であるため，普通のモノやサービスの提供とは異なる部分があるものの，基本は売買契約です。そのため，株式譲渡契約を理解するためには，一般的な売買契約の内容を理解することが近道です。
acquire (əkwáiər)〈他〉を得る

881	**alliance** (əláiəns)	〈名〉提携，連合，アライアンス

☐☐☐ ▶「アライアンス案件」という場合のアライアンスは，この「提携」という意味です。他社と共にある事業を行う案件を指します。
アライアンスとは？→重要事項(43)へ

882	**due diligence** (dílidʒəns)	デュー・デリジェンス，精査

☐☐☐ ▶略してDD。株式譲渡契約において，買主が対象会社の保有している資産や負債を調査することです。このDDの結果に基づいて契約金額を算定します。

883	**definitive agreement** (difínətiv)	正式契約，最終契約

☐☐☐ ▶M&A契約では，まず基本合意を締結した後に実施されるDD終了後に最終契約を締結することが多いです。

884	**closing** (klóuziŋ)	〈名〉クロージング，取引の完了

☐☐☐ ▶株式譲渡契約では，実際に売主から買主への株式の譲渡は，株式譲渡契約締結後ただちに行われることは少なく，通常は，その数カ月後に行われます。この実際に株式譲渡が完了する時点を，クロージングといいます。
as of the <u>Closing</u> Date　**クロージング**日において

885	**conditions precedent**	停止条件，前提条件

☐☐☐ ▶closingが成立するための条件を，M&Aではconditions precedentと呼ぶことが通常です。

886	**representations and warranties**	表明保証

☐☐☐ ▶representationとは，「ある事柄について，これは事実であると述べる＝表明すること」です。一方，warrantyは，「その表明した事実について，間違いないと請け負うこと＝保証」です。株式譲渡契約では，この２つを連ねて，representations and warranties（表明保証）と表し，略してレプワラといいます。表明保証の対象となるものには，主に，買収される会社の①株式，②財務状態，そして③紛争関係などがあります。
the Seller's representations and warranties 　売主の表明保証

887	**represent and warrant** (rèprizént) (wɔ́ːrənt)	を表明保証する

☐☐☐ The Seller hereby represents and warrants to the Buyer that:
売主は，本条により，買主に対し，以下を表明保証する。

888	**misrepresentation** (mìsrèprizèntéiʃən)	〈名〉虚偽の陳述，表明の誤り

☐☐☐ The limitation of liability provided in Section 1 hereof shall not apply to any intentional misrepresentations made by the Seller.
本条の第１項に定められている責任制限は，売主によってなされた意図的な虚偽表示には適用されない。

889	**covenants** (kʌ́vənənt)	〈名〉誓約

☐☐☐ ▶株式譲渡契約における売主の主たる義務は株式の引渡しで，買主の主たる義務は対価の支払です。一方，付随的な義務として，①株式譲渡契約締結後に対象会社の価値を減じるような行為をしてはいけない，②クロージングのために必要な行為をしなければならない，そして，③競業避止義務などがあります。通常，「義務」はobligationやdutyと表されますが，このような付随的義務は，covenants（コベナンツ）と呼ばれます。特に，ある行動をとらないように課される義務はnegative covenants（ネガティブコベナンツ）と呼びます。

890	**authorized shares** (ɔ́ːθəràizd)	授権株式

☐☐☐ ▶株式会社の取締役会が株主の承認を得ずに発行できる株式。

| 891 | issued and outstanding shares | 発行済株式（自己株式を除く） |

□□□ ▶授権株式の中で実際に発行されている株式。
issueは「～を発行する」の意味なので，issuedで「発行されている」となります。また，outstandingには，「外に立っている（存在している）」という意味があるので，outstanding sharesは，発行済株式から，その会社自身が保有する株式（自己株式）を差し引いたものを意味します。

| 892 | authorized but unissued shares | 未発行株式 |

□□□ ▶授権株式の中で未だ発行されていない株式。
issueは「～を発行する」の意味なので，unissuedで「発行されていない」となります。

| 893 | equity（ékwəti） | 〈名〉株主資本，普通株（式） |

□□□ ▶普通株式は，米国では通常，common stockと表記されます。

| 894 | fully paid | 全額払込済みである |

□□□ All common shares purchased by the Purchaser hereunder shall be fully paid and non-assessable.
本契約に基づいて買主によって購入されたすべての普通株式は，全額払込済みで追加払込義務がない。

| 895 | net working capital（kǽpətl） | 正味運転資本 |

□□□ ▶正味運転資本は，一般的には流動資産（売掛債権＋未収金＋棚卸資産）－流動負債（仕入債務＋未払金）を指します。株式譲渡契約では，このnet working capitalとnet debt（No.897を参照）が最終的な取引価格を決定する際に重要となるので，売主と買主で齟齬が生じないように，通常，それぞれの意味を詳しく定義します。

| 896 | debt（dét） | 〈名〉負債 |

□□□ debt equity ratio　デッド・エクイティ・レシオ
▶D/Eレシオとも呼ばれます。企業財務の健全性を見る指標の1つで，企業の資金の源泉のうち，負債（debt）が株主資本（equity）の何倍に当たるかを示す数値をいいます。

897	**net debt** (dét)	純有利子負債

□□□ ▶純有利子負債とは，一般的には「有利子負債－現預金」を指します。仮に有利子負債の額が大きくても，返済に充てられる現預金があるのであれば，その企業は「返済しようと思えばいつでも返済できる力がある」といえます。一方，現預金が全くない場合には，これから稼いで負債を返済できるようにならなければならない状態にあることになります。つまり，単に有利子負債の額を見ただけでは，その企業の価値を正確に把握することはできないのです。そこで，株式譲渡契約では，純有利子負債を見ようとするわけです。

898	**accounts receivable-trade**	売掛債権

□□□ ▶読み方は，「うりかけさいけん」。本業の製品の販売やサービスの提供をした会社が，取引先や顧客から代金の支払を受けられる（receivable）権利です。

899	**accounts receivable-other**	未収金

□□□ ▶本業の売上となる製品やサービス以外のものを提供した場合に，その代金の支払を受けられる（receivable）権利です。

900	**inventory assets** (ínvəntɔ̀:ri)	棚卸資産

□□□ ▶読み方は，「たなおろししさん」。顧客に販売する目的で一時的に保有している製品・原材料などの総称で，一般的には「在庫」と呼ばれています。

901	**accounts payable-trade**	仕入債務

□□□ ▶営業のメインとなる取引（trade）に置いて支払われるべき（payable）債務という意味です。

902	**accounts payable-other**	未払金

□□□ ▶営業のメインとなる取引以外（other）で支払われるべき（payable）債務という意味です。

903	**interest-bearing debt**	有利子負債

□□□ ▶有利子負債＝利子（interest）を付けて返済しなければならない負債。

904	**cash and deposits** (dipá:zət)	現預金（現金と預金）

905	**warrant** (wɔ́:rənt)	〈名〉新株予約権

□□□ ▶発行会社の株式を一定の価格（行使価格）で，定められた期間内（行使期間）に取得できる権利を持つ有価証券のことです。

906	**preemptive right** (priémptiv)	〈名〉新株引受権

□□□ ▶会社が発行する新株を優先して引き受けることができる権利。

907	**convertible securities**	転換証券

□□□ ▶普通株式への転換請求もしくはこれに準じる権利が付された金融負債または普通株式以外の株式。

908	**instrument** (ínstrəmənt)	〈名〉証書，証券

□□□ <u>instrument</u> of transfer　株式譲渡証書

909	**transaction** (trænsǽkʃən)	〈名〉取引

□□□ ▶類義語に次のようなものがあります。
trade (tréid)，deal (díːl)

910	**ordinary course of business**	通常業務

□□□ ▶M&A契約では，具体的に定義することがあります。
From the Effective Date until the Closing, the Seller shall conduct the Business in <u>the Ordinary Course of Business</u>.
契約発効日からクロージングまで，売主は**通常どおりに**事業を行わなければならない。

911	**financial statement** (fənǽnʃəl)	財務諸表

□□□ ▶財務諸表とは，企業の経営状況や財務状態を客観的に把握するための書類です。財務諸表は，買収される企業の価値を算定する基礎となります。売主は，買主に対して，提示する財務諸表に誤りがない旨を表明保証（representations and warranties）します。財務諸表には以下のようなものがあります（No.912～ No.915を参照）。

912	**balance sheet**	貸借対照表，バランスシート

□□□ ▶ある時点の企業の財政状態を，資産・負債・純資産の3つのカテゴリーで表した書類です。略してB/Sと書きます。

913	**statement of changes in equity**	株主資本等変動計算書

□□□ ▶一事業年度における純資産の変動を明らかにするための書類です。

914	**profit and loss statement**	損益計算書

□□□ ▶一定期間における企業の経営成績を，収益，費用，利益の3点から示した書類です。略してP/Lと書きます。income statementともいいます。

915	**cashflow statement**	キャッシュフロー計算書

□□□ ▶一定期間における企業の資金の流れを表した書類です。略してC/Fと書きます。

916	**GAAP**	**一般に公正妥当と認められた会計原則**

□□□ ▶財務諸表を作成する際に規範となるルールのこと。generally accepted accounting principlesの略。読み方は「ぎゃーぷ」。

売主は，財務諸表がこのGAAPに従って作成されていることを表明保証します。

The Financial Statements have been prepared and determined from books and records of the Company and in accordance with the United States **generally accepted accounting principles** applied on a consistent basis throughout the periods indicated.

財務諸表は，対象会社の帳簿および記録，ならびに，明示されている期間において継続的に適用されている米国で**一般に公正妥当と認められた会計原則**に従って準備，および決定されたものである。

917	**accrued** (əkrú:d)	〈形〉利子が生じた，未払いの

□□□ accrued obligation　未払債務

918	**absolute** (ǽbsəlù:t)	〈形〉確定的な

□□□ The Company does not have, as of the date hereof, any liabilities, debts, guarantees or obligations of any nature whatsoever, whether accrued, **absolute**, or contingent.

対象会社は，本契約の締結日において，利子を生じるものであろうが，**確定されたもの**であろうが，または偶発的なものであろうが，あらゆる種類の責任，負債，保証，または義務を負担していない。

919	**contingent** (kəntíndʒənt)	〈形〉偶発的な（予期せぬことが起こること）

□□□ contingent liability　偶発債務

920	**contingency** (kəntíndʒənsi)	〈名〉不測の事態，偶発事象，予備費（目標予算を超過してしまうリスクをあらかじめ上乗せして計上しておく費用）

□□□ contingency feeは，弁護士への成功報酬という意味でよく使われます。

921	**suit** (sú:t)	〈名〉訴訟

□□□ ▶いわゆるスーツ（背広）と同じスペルです。

file a **suit** against Company A　A社を告訴する（訴訟を提起する）

922	**a civil suit**	〈名〉民事訴訟
923	**a criminal suit**	〈名〉刑事訴訟
924	**lawsuit** (lɔ́ːsùːt)	〈名〉訴訟
925	**action** (ǽkʃən)	〈名〉訴訟

□□□ ▶actionは行為という意味もあるので，訴訟の意味であることを明確にするためにlegal actionと表記されることもあります。

| 926 | **litigation** (lìtəgéiʃən) | 〈名〉訴訟 |
| 927 | **proceedings** (prəsíːdiŋ) | 〈名〉訴訟手続 |

□□□ ▶proceedingsは手続という意味もあり，訴訟手続であることを明確にするためにlegal proceedingsと表記されることもあります。
procedure (prəsíːdʒər)〈名〉手続

| 928 | **class action** | クラスアクション |

□□□ ▶ある行為や事件などによって，多数の者が同じような被害者の立場に置かれているとき，被害者の1人，または一部の者が，全体を代表して訴訟を起こすことができる訴訟形態をいいます。1人ひとりの被害額は小さくても，集団となると巨額となりえます。

| 929 | **investigate** (invéstəgèit) | 〈他〉を調査する |
| 930 | **investigation** (invèstəgéiʃən) | 〈名〉調査 |

□□□ under investigation　調査中で
▶スペルが似ていて混同しやすいものとして，investment（投資，出資金）(invéstmənt) があります。
invest (invést)〈動〉〜に投資する

| 931 | **pending** (péndiŋ) | 〈形〉係争中の，保留中の |

□□□ a <u>pending</u> case　係争中の訴訟
There are no proceedings <u>pending</u> against the Company as of the date hereof.
本契約の締結日において，対象会社に対して**係争中の**訴訟手続はない。
▶ある案件が予定通りに進んでいない状態を「ペンディング」になっているということがあります。

932　**to the knowledge of**　　〜の知る限りにおいて

□□□ ▶表明保証をする当事者は，表明する事実について，「自分が知る限りにおいて誤りはない」と条件をつけるのが通常です。

The Seller hereby represents and warrants to the Purchaser that as of the date hereof, **to the knowledge of** the Seller, ….

売主は，買主に対して，本条項により，本契約の締結時において，売主の知る限りで，〜を表明保証する。

933　**materially adverse effect**（ædvə́ːrs）　重大な悪影響を及ぼす

□□□ ▶表明保証において，単に「なんらの〜もないことを表明保証する」とすると，わずかな問題が発覚した場合にも，表明保証違反としての責任が生じえます。そこで，「重大な悪影響を及ぼす〜はないことを表明保証する」という形で定められることがよくあります。

There are no Proceedings against the Company that would have a **materially adverse effect**.

重大な悪影響を及ぼしうる対象会社に対する訴訟はない。

▶略してMAE条項とも呼ばれます。

▶この他，materially adverse change（重大な悪化）というものもあります。こちらは略してMACとも呼ばれます。

934　**threshold**（θréʃhould）　　〈名〉境目，基準値

□□□ ▶M&Aでは，買主が被る損害について一定の基準値が設けられ，その基準値を超えた場合に初めて売主が賠償責任を負う旨が定められることがあります。

If the damage suffered by the Purchaser due to the Seller's failure exceeds the **threshold**,

もしも，売主の契約違反に起因して買主が被る損害がその**基準**を超えたら，

株式譲渡契約を読む人は，
売買契約の英単語も覚えましょう。

第10章	一般条項に関する英単語	935▶1050

頭書き

935　**premise** (prémis)　〈名〉前提

□□□ ▶the premisesで英文契約書の本文の前に置かれる前文（契約当事者，契約締結日および契約締結の背景が記載されるもの）の部分を指します。
in consideration of **the premises** and mutual covenants set forth herein
本契約に定められている__前文__および相互の誓約を約因として

936　**promise** (prá:məs)　〈名〉約束

□□□ ▶以下のpremisesと書くべきところをpromiseと間違えて記載されていることがときどきあるので注意しましょう。
in consideration of **the premises** and mutual covenants set forth herein
本契約に定められている__前文__および相互の誓約を約因として

937　**consideration** (kənsìdəréiʃən)　〈名〉約因

□□□ ▶約因とは，「一方の約束を導き出す原因となった相手方の約束や行為」のことを指します。英米法では，約因がない取引には契約が成立しません。
in **consideration** of the premises and mutual covenants set forth herein
本契約に定められている前文および相互の誓約を__約因__として
▶なお，considerationは「対価」という意味で使われることもあります（No.758を参照）。

938　**corporation** (kɔ̀:rpəréiʃən)　〈名〉会社

□□□ ▶法人企業，特に規模の大きな企業を表す際に用いられる表現。

939　**company** (kʌ́mpəni)　〈名〉会社

□□□ ▶会社を表すために一般的に用いられる表現。個人経営の会社も含みます。

940	**individually** (ìndəvídʒuəli)	〈副〉個別で

□□□ The Purchaser and the Seller may be individually referred to as a "Party" and collectively referred to as the "Parties."
買主と売主は，個別では「当事者」，そしてまとめて「当事者たち」とする。

941	**collectively** (kəléktivli)	〈副〉まとめて

□□□ "Parties" means the parties to the Agreement collectively.
当事者たちとは，本契約の当事者の双方を総称して指す。

942	**Witnesseth**	〈他〉を証する

□□□ ▶契約締結の背景を定める際にまずこの文言を記載し，その後にWhereas条項がきます（No.943の例文を参照）。

943	**Whereas** (weəræz)	〈接〉であるのに対して，である一方で

□□□ ▶契約締結の背景を定める部分に，次のように使われます。

WITNESSETH:

Whereas, the Purchaser has been engaged in design, manufacture and sale of the Product;
以下のことを証する。買主は，製品の設計，製造，および販売に従事している。

944	**recital** (risáitl)	〈名〉契約書前文

□□□ ▶最近の英文契約書では，WITNESSETHと書く代わりに，RECITALSと記載されることがあります。

945	**In witness whereof**	本契約の証として

□□□ ▶契約書の最後に記載される表現。

In witness whereof the parties hereto have caused this Agreement to be executed by their duly authorized representatives as of the date first above written.
本契約の証として，本契約の当事者は，頭書きの日付にて，その正当な代表権を与えられた代表者によって本契約を締結させた。

946	**engaged** (ingéidʒd)	〈形〉従事している

□□□ ▶Whereas条項中に、「買主は〜に従事している」「売主は〜に従事している」ということを記載する際に用いられる表現。
Whereas, the Purchaser has been **engaged** in design, manufacture and sale of the Product;
買主は、製品の設計、製造、および販売**に従事している**。

947	**as follows**	以下の通り、以下のように

□□□ The parties hereto agree **as follows**:
本契約の両当事者は、**以下の通りに**合意する。

948	**general provision**	一般条項

□□□ ▶どの契約書にも一般的に定められている条文です。主な一般条項は？→重要事項(44)へ

定義条項

949	**for the purpose of this Agreement**	本契約においては

□□□ ▶定義条項に定められることが多いです。
For the purpose of this Agreement, the following terms have the meanings as defined below:
本契約においては、以下の用語は、以下に定義された意味を有する。

950	**define** (difáin)	〈他〉を定義する

□□□ The following terms have the meanings as **defined** below:
以下の用語は、以下に**定義された**意味を持つ。
▶上の例文中のasは関係代名詞で、definedの前にあるはずのareが省略されています。

951	**definition** (dèfəníʃən)	〈名〉定義

□□□ the **definition** of "Contract Price" 契約金額（という用語）の**定義**

952	**term** (tə́ːrm)	〈名〉文言、用語

□□□ The following **terms** have the meanings as defined below.
以下の**用語**は、以下に定義された意味を有する。
▶他に「期間」（No.1014）および「条件」（No.338）という意味があります。

953	**meaning** (míːniŋ)	〈名〉意味

□□□ The following terms have the **meanings** as defined below:
以下の用語は、以下に定義された**意味**を持つ。

紛争解決条項

954	**dispute** (dispjúːt)	〈名〉紛争

□□□ ▶契約の有効性や解釈に関して契約当事者間で生じる争いを紛争と呼びます。この紛争を解決する方法としては，当事者間の協議の末の和解の他に，裁判，仲裁，調停などがあります。これらの違いは？→重要事項(45)へ

955	**difference** (dífərəns)	〈名〉不一致，紛争

□□□ When a **difference** or dispute arises in relation to this Agreement,
本契約に関して意見の<u>相違</u>または紛争が生じた場合には，

956	**discrepancy** (diskrépənsi)	〈名〉食い違い，相違

□□□ In case of any **discrepancy** or difference between drawings and specifications,
図面と仕様書の間に<u>食い違い</u>または不一致がある場合には，

957	**controversy** (káːntrəvə̀ːrsi)	〈名〉論争

□□□ Any action, suit or proceeding between or among the Parties arising in connection with any disagreement, dispute, **controversy** or claim arising out of or relating to this Agreement
本契約から生じた，または本契約に関する不同意，紛争，<u>論争</u>，または請求に関して生じる当事者間の訴訟または訴訟手続

958	**resolution** (rèzəlúːʃən)	〈名〉解決，決議

□□□ dispute **resolution**　紛争<u>解決</u>

959	**determination** (ditə̀ːrmənéiʃən)	〈名〉判決，決定
960	**decision** (disíʒən)	〈名〉判決，決定

□□□ ▶ある裁判における最終的な判決をdecisionといい，そのdecisionの基礎となる事実認定の判断にdeterminationが使われる傾向があります。

961	**venue** (vénjuː)	〈名〉裁判地

□□□ **venue** and jurisdiction of any suit or action arising under or in connection with the Agreement
本契約に基づき，または本契約に関して生じる訴訟の<u>裁判地</u>および管轄権
▶venueは裁判が実際に行われる地理的な場所を意味し，jurisdictionは裁判を行う法的権限の範囲を意味します。

962	**court** (kɔ́ːrt)	〈名〉裁判

□□□ ▶judge（dʒʌ́dʒ）＝裁判官が紛争を審理します。下された判断である判決には，法的拘束力があります。

963	**judge** (dʒʌ́dʒ)	〈名〉裁判官

□□□ ▶司法試験に合格した人が裁判官となるのが通常です。誰を裁判官にするかを当事者は選べません。

964	**jury** (dʒúəri)	〈名〉陪審

□□□ ▶紛争解決手段として陪審制は避けたいところです。よって，陪審制を採用している国の民事訴訟にならないように紛争解決方法・裁判管轄を合意するべきです。

965	**judgement** (dʒʌ́dʒmənt)	〈名〉判断，判決
966	**arbitration** (ɑ̀ːrbətréiʃən)	〈名〉仲裁

□□□ ▶紛争を審理するarbitrator＝仲裁人を契約当事者が選ぶことができます。下された判断には，法的拘束力があります。
Should the parties disagree as to the decision of the mediation, <u>arbitration</u> may be commenced.
もしも調停の決定に関して契約当事者が同意しない場合には，**仲裁**が開始される。

967	**arbitrator** (ɑ́ːrbətrèitər)	〈名〉仲裁人

□□□ ▶仲裁人は，通常3名または1名です。契約当事者が選択できます。

968	**mediation** (mìːdiéiʃən)	〈名〉調停

□□□ ▶紛争を審理するmediator＝調停人を契約当事者が選ぶことができます。下された判断には，法的拘束力がありません。調停人が下した判断に不服がある場合には，裁判または仲裁に進むことになります。
In the event of disagreement as to the decision issued by the <u>mediator</u>,
<u>調停人</u>によって出された決定に関して同意しない場合には

969	**mediator** (míːdièitər)	〈名〉調停人

□□□ ▶調停人は通常3名または1名です。契約当事者が選択できます。

970	**refer** (rifə́ːr)	〈他〉を持ち込む，を委ねる

□□□ Either Party may <u>refer</u> the dispute to arbitration.
いずれの契約当事者も，その紛争を仲裁<u>にかける</u>ことができる。

971	**referral** (rifə́:rəl)	〈名〉委託，付託
☐☐☐	referral to arbitration　仲裁への付託	

972	**award** (əwɔ́:rd)	〈名〉仲裁の判断，裁定
▶awardは，映画のアカデミー賞（Academy Awards）などの「賞」という意味でお馴染みですが，仲裁判断という意味もあります。		

973	**valid** (vǽlid)	〈形〉有効な
☐☐☐	a valid amendment agreement　有効な修正契約	

974	**validity** (vəlídəti)	〈名〉法的有効性
☐☐☐	any difference or dispute between the Parties regarding the interpretation or validity of this Agreement 本契約の解釈または法的有効性に関する契約当事者間の見解の相違または紛争	

975	**ICC**	国際商業会議所
☐☐☐	▶International Chamber of Commerceの略称。	

976	**AAA**	アメリカ仲裁協会
☐☐☐	▶The American Arbitration Associationの略称。	

977	**tribunal** (traibjú:nl)	〈名〉法廷，裁判所
☐☐☐	arbitration tribunal　仲裁廷，仲裁裁判所	

978	**settle** (sétl)	〈他〉を解決する
☐☐☐	If a dispute arises in connection with this Contract, the Parties shall endeavor to settle the dispute first through direct discussions between the Parties' representatives. もしも本契約に関して紛争が生じたら，契約当事者は，まずは当事者の代表者間による直接的な協議を通してその紛争を解決するよう努力しなければならない。	

準拠法条項

979	**govern** (gʌ́vərn)	〈他〉～を支配する，～の基準となる
☐☐☐	This Agreement is governed by and construed in accordance with the laws of Japan. 本契約は，日本法に準拠し，日本法によって解釈される。	

980	**governing law**	〈名〉準拠法

□□□ ▶契約書を解釈する際によって立つ法律（準拠法）。契約書中で合意するのが通常です。

981	**conflict of laws** (ká:nflikt)	抵触法，国際私法（どこの国の法律に従うべきかを定める法律）

□□□ ▶抵触法とは？→重要事項(46)へ

This Agreement is governed by and construed in accordance with the laws of Japan without reference to principles of <u>conflict of laws</u>.

本契約は，**抵触法**にかかわらず，日本法に準拠し，日本法によって解釈される。

完全合意条項

982	**entire agreement** (intáiər)	完全な合意

□□□ ▶一般条項の１つである完全合意条項の中に出てくる文言。

983	**parol evidence rule**	口頭証拠排除の準則

□□□ ▶口頭証拠排除の準則と完全合意条項の関係は？→重要事項(47)へ

984	**supersede** (sù:pərsí:d)	〈他〉〜に取って代わる

□□□ This Agreement constitutes the entire agreement between the Parties with regard to the matters contained in this Agreement and <u>supersedes</u> any prior written or oral agreement between the Parties with regard to the matters.

本契約は，本契約に定められている事項に関し，本契約の当事者間の完全な合意であり，本契約に定められている事項に関する本契約の当事者間の事前の書面または口頭の合意**に取って代わる**。

prevail〈自〉：優先する→No.696を参照

985	**subject matter**	主題，対象事項

□□□ the entire agreement and understanding between the Parties with respect to the <u>subject matter</u> of this Agreement.

本契約の**対象事項**に関する当事者間の完全な合意および理解

分離条項

986	**invalid** (invǽlid)	〈形〉無効な

□□□ ineffective (ìniféktiv) 〈形〉無効な
反義語はvalid（vǽlid）

987	**null** (nʌ́l)	〈形〉無効な

□□□ ▶次のように同義語であるvoid（vɔ́id）と並べられて用いられることが多いですが，voidのみで足ります。
<u>null</u> and void　無効な

988	**legal** (líːgl)	〈形〉合法な

□□□ illegal (ilíːgl) 〈形〉違法な
legality (ligǽləti) 〈名〉合法性

989	**enforceable** (infɔ́ːrsəbl)	〈形〉強制執行可能な

□□□ unenforceable (ʌninfɔ́ːsəbəl) 〈形〉強制執行不可能な
enforceability (infɔ̀ːsəbíləti) 〈名〉強制執行可能性

990	**affect** (əfékt)	〈他〉に影響する

□□□ If part of this Contract is null and void, it shall not <u>affect</u> the validity of the other parts.
本契約の一部が無効である場合でも，そのことは他の部分の有効性に<u>影響</u><u>し</u>ない。

991	**impair** (impéər)	〈他〉〜を悪くする，〜を損なう

□□□ The validity, legality, and enforceability of the remaining provisions contained in this Agreement shall not in any way be affected or <u>impaired</u>.
本契約に定められている残りの条文の有効性，合法性，および強制執行可能性は何ら影響されず，<u>損なわれない</u>。

992	**severability** (sèvərəbíləti)	〈名〉契約の分離可能性

□□□ ▶あわせてjoint and <u>several</u> liability（連帯責任）も押さえておきましょう。これは，ある事項について，それぞれが全責任を共同して負うことです。

権利放棄条項

993	**waiver** (wéivər)	〈名〉放棄

□□□ <u>waiver</u> of rights　権利の<u>放棄</u>

994	**waive** (wéiv)	〈他〉（権利・請求権など）を放棄する

□□□ The Seller has **waived** the right to request the payment for the additional cost.
売主は，追加費用の支払を要求する権利を<u>放棄</u>した。

譲渡禁止条項

995	**assign** (əsáin)	〈他〉（財産など）を譲渡する

□□□ ▶本来は無形物を譲渡する場合に用いられていたようですが，現在は有形物の譲渡の場合にも用いられています。

996	**assignment** (əsáinmənt)	〈名〉譲渡

□□□ <u>assignment</u> of the subcontract　下請契約の<u>譲渡</u>

997	**transfer** (trænsfə́:r)	〈他〉（物）を移す，（財産など）を譲渡する

□□□ Neither party hereto may assign or <u>transfer</u> any of its rights or obligations hereunder to any third party without the other party's prior written consent.
いずれの契約当事者も，相手方当事者の事前の書面による同意なしに，本契約に基づく自己の権利または義務を，第三者に<u>譲渡</u>してはならない。

998	**neither** (ní:ðər)	どちらの…も〜でない

□□□ <u>Neither</u> Party shall be liable to the other Party for any special damage.
<u>どちらの</u>契約当事者も特別損害について相手方当事者に対して<u>責任を負わない</u>。
neither A nor Bの形で次のように「AもBも〜しない」となります。
<u>Neither</u> the Purchaser <u>nor</u> the Seller shall be liable to the other Party for any indirect damage.
買主も売主も，間接損害について相手方当事者に対して<u>責任を負わない</u>。
▶稀に，「AもBもCも〜しない」という形で使われることがあります。この場合は，Neither A, B, nor CまたはNeither A nor B nor Cのように記載されます。

見出し条項

999	**heading** (hédiŋ)	〈名〉見出し

☐☐☐ <u>Headings</u> in this Agreement do not affect the interpretation of this Agreement.

本契約の**見出し**は，本契約の解釈に影響しない。

▶英文契約書中の「見出し」とは，各条文のタイトル部分です。例えば，下の太字下線部分です。

Article 14 <u>Confidentiality</u>

1000	**construe** (kənstrú)	〈他〉を解釈する

☐☐☐ The headings of the sections and paragraphs contained in this Agreement are for convenience of reference only and do not form a part hereof and in no way modify, interpret or <u>construe</u> the meaning of this Agreement.

本契約に含まれている条項のタイトルは，参照の便宜のみを目的としており，本契約の一部を構成するものでもなく，また，本契約の意味を変更または**解釈する**ものではない。

1001	**construction** (kənstrʌ́kʃən)	〈名〉解釈

☐☐☐ ▶constructionは建設という意味がありますが，「解釈」という意味で使われることもあります。

the <u>construction</u> of the provisions of this Agreement

本契約の条文の**解釈**

修正条項

1002	**addition** (ədíʃən)	〈名〉追加

☐☐☐ The Purchaser shall pay the cost to the Seller <u>in addition to</u> the Contract Price.

買主は，契約金額に**加えて**，その費用を売主に支払わなければならない。

1003	**modification** (mὰ:dəfikéiʃən)	〈名〉修正，変更

☐☐☐ any <u>modification</u> to this Agreement　本契約の**修正**

1004	**supplement** (sʌ́pləmənt)	〈名〉追加，補足

☐☐☐ the <u>supplement</u> to this Agreement　本契約への**追記**

1005	**amendment** (əméndmənt)	〈名〉修正，変更

☐☐☐ any <u>amendment</u> to this Agreement　本契約の**修正**

1006	**amend**（əménd）	〈他〉を修正する，を変更する

□□□ This Agreement is not <u>amended</u> or modified unless agreed in writing.
本契約は，文書で合意されない限り<u>修正</u>されない。

1007	**revision**（rivíʒən）	〈名〉改訂

□□□ <u>revisions</u> of this Contract　本契約の<u>改訂</u>

1008	**revise**（riváiz）	〈他〉を改訂する

□□□ <u>revise</u> the terms and conditions of this Agreement
本契約の条件を<u>改訂する</u>

1009	**delete**（dilíːt）	〈他〉を削除する

□□□ The provision of Sub-Clause 5.4 of the Original Agreement is hereby <u>deleted</u>.
原契約の第5条第4項は，本条により<u>削除される</u>。

1010	**deletion**（dilíːʃən）	〈名〉削除

□□□ <u>deletion</u> of the paragraph 2 of Article 3 of the Contract
本契約の第3条第2項の<u>削除</u>

1011	**change**（tʃéindʒ）	〈名〉変更 〈他〉を変更する

□□□ a <u>change</u> to the terms of this Agreement
本契約の条件の<u>変更</u>

1012	**variation**（vèəriéiʃən）	〈名〉変更

□□□ No <u>variation</u> of this agreement shall be effective unless it is in writing and signed by the parties hereto.
本契約の<u>変更</u>は，文書で行われ，かつ，契約当事者による署名がない限り，有効とはならない。

1013	**vary**（véəri）	〈他〉を変更する

□□□ ▶modify，amend，vary，そしてchangeの違いとは？→重要事項(48)へ

契約期間・解除条項

1014	**term**（tə́ːrm）	〈名〉期間（かたい表現）

□□□ ▶termは他に，用語（No.952を参照）や条件（No.338を参照）という意味があります。

1015	**period** (píəriəd)	〈名〉期間（最も一般的）

□□□ for a continuous period of six or more months
6カ月以上の連続**期間**

1016	**duration** (djuréiʃən)	〈名〉継続している期間

□□□ Contract duration means the period between the Effective Date of this Contract and the end of the Warranty Period.
契約**期間**とは，契約の発効日と保証期間の満了の間の期間を意味する。

1017	**course** (kɔ́ːrs)	〈名〉経過，進行

□□□ in the course of performance of this Agreement
本契約の履行の**過程**で

1018	**insolvent** (insά:lvənt)	〈形〉支払不能の

□□□ ▶企業が支払不能に陥ってから法人格が消滅するまでの流れは？→重要事項 (49)へ
insolvent corporation　支払不能会社
become insolvent　支払不能になる

1019	**petition** (pətíʃən)	〈名〉（裁判所に対する）申立て，請願

□□□ file a bankruptcy petition　破産の**申立て**を行う

1020	**bankruptcy** (bǽŋkrʌptsi)	〈名〉破産

□□□ a bankruptcy proceeding　**破産**手続

1021	**receiver** (risíːvər)	〈名〉管財人

□□□ receivership (risíːvəʃip)　〈名〉破産管財人の管理下に置かれること
go into receivership　管財人の管理下に置かれる

1022	**trustee** (trʌstíː)	〈名〉管財人，受託者

□□□ trustee in bankruptcy　破産**管財人**

1023	**dissolution** (dìsəlúːʃən)	〈名〉解散

□□□ the bankruptcy, liquidation, or dissolution of Newco
新会社の破産，清算，または**解散**

1024	**liquidation** (likwidéiʃən)	〈名〉会社清算

□□□ go into liquidation　（会社が）**清算**手続に入る

1025	**effective** (əféktiv)	〈形〉効力がある

□□□ ▶契約締結日（contract date）は，契約当事者全員が契約書に署名した日，一方，契約**発効**日（**effective** date）は，契約が有効となる日をいいます。
as of the **effective** date　契約発効日において

1026	**in force**	効力のある

□□□ in full forceという形で次のように用いられることが多いです。
Except as provided above, all provisions in this Contract shall remain **in full force** and effect.
上記の定めを除き，本契約のすべての条文は**有効**のままである。

1027	**renewal** (rinúːəl)	〈名〉更新

□□□ renewal of this Contract　本契約の更新

1028	**renew** (rinúː)	〈他〉を更新する

□□□ This Agreement will be **renewed** for successive periods of ten (10) years upon the expiration of the initial Term set forth in Section 10.1 and each successive Term.
本契約は，第10条第1項に定められている最初の期間およびその後の期間の満了時に，次の10年間**更新される**。

1029	**successive** (səksésiv)	〈形〉連続する，次に続く

□□□ for **successive** periods of ten (10) years upon the expiration of the Initial Period
最初の期間の満了後**次の**10年間

1030	**anniversary** (ænəvéːrsəri)	〈名〉応当日

□□□ each **anniversary** of the Contract Date　契約締結日の毎年の応当日

1031	**continue** (kəntínjuː)	〈自〉継続する

□□□ This Agreement shall become effective as of the date first written above and will **continue** in effect for a period of three (3) years.
本契約は，上記の最初の日付から発効し，3年間有効とする。

贈賄禁止条項

1032	**bribe** (bráib)	〈名〉賄賂

□□□ Neither Party may give a **bribe** to any public official.
いずれの契約当事者も，公務員に対して，賄賂を贈ってはならない。

1033	**bribery** (bráibəri)	〈名〉贈収賄行為
□□□	Bribery Act 2010　イギリス賄賂防止法→重要事項(50)へ	

1034	**corruption** (kərʌ́pʃən)	〈名〉贈収賄，不正行為，汚職
□□□	bribery and corruption　贈収賄	

通知条項

1035	**address** (ədrés)	〈名〉住所

□□□ ▶addressには，「に対処する」という意味もあります。
address the impact of the delay caused by the event of Force Majeure
不可抗力事象によって引き起こされた遅れの影響に対処する

1036	**certified mail**	配達証明付き郵便
1037	**registered mail**	書留郵便

□□□ ▶書留郵便の場合には，送付書類が紛失した場合には実損害の賠償を受けることができます。通常，書留郵便のほうが配達証明付き郵便よりもサービス料が高くなっています。

1038	**cause** (kɔ́ːz)	〈他〉させる

□□□ ▶causeは「を引き起こす」や「原因」という意味でも使われますが，英文契約書の終わりの部分では次のように「させる」という使役の意味でも用いられます。
The Parties have **cause**d this Agreement to be executed by their duly authorized representatives as of the date first above written.
本契約の当事者は，頭書の日付にて，その正当な権限を与えられた代表者によって本契約を締結させた。

1039	**authorize** (ɔ́ːθəràiz)	〈他〉に権限を与える

□□□ The Parties are not **authorized** to act as agent or principal for each other with respect to any matter related hereto.
両当事者は，本契約に関連する事項に関して，互いの代理人または本人として行動する権限を与えられていない。

1040	**authorized** (ɔ́ːθəràizd)	〈形〉権限を与えられた
□□□	a duly **authorized** representative　正当に権限を与えられた代表者	

1041	**authorization** (ò:θərəzéiʃən)	〈名〉許可，許可証

□□□ ▶「社内の**オーソライズ**を取らなければいけない」のように「承認・許可」といった意味で使われるオーソライズはこの単語からきています。

1042	**representative** (rèprizéntətiv)	〈名〉代表者，代理人 〈形〉代表的な，代表する

□□□ a <u>representative</u> director　<u>代表</u>取締役，社長

1043	**duly** (dú:li)	〈副〉正当に

□□□ the <u>duly</u> authorized representatives of both parties hereto
<u>正当に</u>権限を与えられた本契約の当事者の代表者
▶反義語はunduly（ʌndjú:li）不当に

1044	**calendar day**	暦日＝カレンダーで定められた日にち

□□□ ▶business dayは営業日＝休日や祝日を除いたものです。よって，calendar dayで10日とbusiness dayで10日は一致しません。

1045	**calendar year**	暦年＝カレンダーの１月１日から12月31日まで

□□□ ▶「会計年度」は，米国では主にfiscal year，英国ではfinancial yearを用います。

1046	**singular** (síŋgjələr)	〈名〉単数の語

□□□ <u>Singular</u> number shall include the "Plural" and vice versa.
単数は複数を含み，逆もまたしかりとする。

1047	**plural** (plúərəl)	〈名〉複数の語

□□□ Reference to the singular include the <u>plural</u> and vice versa.
単数への言及は複数を含み，逆もまたしかりとする。

1048	**partnership** (pá:rtnərʃip)	〈名〉パートナーシップ，相互関係

□□□ It is not the purpose or intention of this Agreement to create (and it shall not be construed as creating) a joint venture, **partnership** or any type of association, and the Parties are not authorized to act as agent or principal for each other with respect to any matter related hereto.
本契約の目的または意図は，合弁事業，**パートナーシップ**，またはいかなる種類の組合を設立することではなく（また，そのように解釈されない），両当事者は，本契約に関連する事項に関して，互いの代理人または本人として行動する権限を与えられていない。

| 1049 | **original** (ərídʒənl) | 〈名〉原本 |

☐☐☐ This Agreement may be executed in three counterparts, each of which when executed and delivered shall constitute an <u>original</u> of this Agreement.
本契約は，3つの副本で締結され，それぞれは，締結され，各当事者に交付されたときに，本契約の**原本**を構成するものとする。

| 1050 | **counterpart** (káuntərpɑ̀ːrt) | 〈名〉写し，謄本，副本 |

☐☐☐ This Agreement may be executed in several <u>counterparts</u>, each of which shall be an original, but all of which together shall constitute one and the same agreement.
本契約は，複数の**副本**で締結され，それぞれが原本となるが，それら全部で1つかつ同一の契約となる。

基本①
基本②
秘密保持
売買・業務委託
販売店
共同研究開発
ライセンス
合弁
株式譲渡
一般条項
その他重要事項

第11章	その他の英単語	1051▶1108

1051	**institute** (ínstətùːt)	〈他〉（訴訟など）を起こす，（制度など）を設ける，を開始する

☐☐☐ Any Party shall have the right to **institute** litigation in a court to enforce an arbitration award under this Agreement.
いずれの当事者も，本契約に基づく仲裁判断を執行するために，裁判で**訴訟を起こす**権利を有するものとする。

1052	**institution** (ìnstətúːʃən)	〈名〉制度，設立，開始

☐☐☐ the **institution** of any other suit or proceedings
他の訴訟または訴訟手続の**開始**

1053	**enforce** (infóːrs)	〈他〉を執行する

☐☐☐ Any arbitration award may be **enforced** by a court of competent jurisdiction in accordance with applicable law.
仲裁判断は，適用される法律に従って管轄権のある裁判所によって**執行される**。

1054	**detail** (díːteil)	〈名〉詳細

☐☐☐ **detail** design drawings and specifications
詳細な設計図面および仕様書

1055	**mutual** (mjúːtʃuəl)	〈形〉相互の

☐☐☐ **mutual** agreement　（**相互の**）合意
▶合意とは，そもそもお互いに行うものなので，あえてmutualという単語をつける必要はありません。
mutually (mjúːtʃuəli)〈副〉相互に

1056	**as the case may be**	場合によっては

☐☐☐ Aのときはα，Bのときはβ，Cのときはγというのを1文で表す場合に，
If A, B, or C, then α, β, or γ.
と記載することがありますが，ここに次のようにas the case may beと追記すると，A→α，B→β，C→γという関係がより明確になります。
If A, B, or C, then α, β, or γ, <u>as the case may be</u>.
ちなみに，この例文中のthenは，if節の後にくる結果節がそこから始まることを明示するためのものです。

1057	**amicable** (ǽmikəbl)	〈形〉友好的な

□□□ an amicable settlement　友好的な解決
amicable negotiations　友好的な交渉
このamicableには，法的な意味はありません。

1058	**amicably** (ǽmikəbli)	〈副〉友好的に

□□□ Disputes between the Parties concerning the interpretation or application of this Agreement shall, as far as possible, be settled amicably.
本契約の解釈または適用に関する当事者間の紛争は，可能な限り**友好的に**解決されなければならない。

1059	**render** (réndər)	〈他〉を～の状態にする，を与える

□□□ This Contract shall expire 120 days after the final services have been rendered.
本契約は，最後のサービスが**提供された**後120日で有効期限が切れる。

1060	**delegation** (dèligéiʃən)	〈名〉委任，代表団

□□□ delegation of power　権限の**委任**
delegate (déligèit)〈他〉を委任する

1061	**method** (méθəd)	〈名〉方法，手法

□□□ The Contractor shall determine the method of performing the abovementioned services.
請負者は，上記に記載されている役務を履行する**方法**を決定しなければならない。

1062	**manner** (mǽnər)	〈名〉方法

□□□ unless the manner of payment is expressly provided herein
支払**方法**が本契約に明確に定められていない限り

1063	**step** (stép)	〈名〉手段，措置

□□□ The Contractor shall take a reasonable step.
請負者は，合理的な**手段**をとらなければならない。

1064	**measure** (méʒər)	〈名〉手段，方策（通例, measures）

□□□ The Supplier shall take reasonable mitigation measures.
供給者は，合理的な影響拡大防止**策**をとらなければならない。

1065	**act** (ǽkt)	〈名〉活動，行動，法令
□□□	companies act　会社法	

1066	**omission** (oumíʃən)	〈名〉不作為，脱落，怠慢
□□□	act or omission of the Subcontractor 下請業者の作為または**不作為**	

1067	**revenue** (révənùː)	〈名〉収益
□□□	revenue account　収入勘定	

1068	**consortium** (kənsɔ́ːrʃiəm)	〈名〉コンソーシアム，共同事業体
□□□	▶コンソーシアムとは？→重要事項(51)へ a consortium agreement　コンソーシアム契約	

1069	**joint and several liability** (dʒɔint) (sévərəl)	連帯責任
□□□	▶コンソーシアム契約の当事者間が取引相手に対して負う責任は連帯責任となるのが原則です。 The Consortium Members shall be deemed to be jointly and severally liable to the Employer for the performance of this Contract. コンソーシアムメンバーは，本契約の履行について，発注者に対して**連帯責任**を負うものとみなされる。	

1070	**qualified** (kwɑ́ːləfàid)	〈形〉資格要件を満たした，適格の
□□□	the list of qualified personnel　資格要件を満たす職員のリスト	

1071	**personnel** (pə̀ːrsənél)	〈名〉（集合的に）職員，（組織の）全職員
□□□	the personnel to be provided by the Contractor to provide the services under this Contract 本契約に基づき役務を提供するために請負者によって提供される**職員**	

1072	**administrative** (ədmínəstrèitiv)	〈形〉行政上の
□□□	an administrative proceeding　行政上の手続	

1073	**policy** (pɑ́ːləsi)	〈名〉方針，保険契約
□□□	an insurance policy　保険契約	

1074	**plaintiff** (pléintif)	〈名〉原告
□□□	▶反義語はdefendant（diféndənt）〈名〉被告	

1075	**aggrieved party** (əgríːvd)	損害を受けた当事者，被害者

□□□ termination by the <u>aggrieved party</u>
<u>損害を受けた当事者</u>による解除

1076	**minute** (mínət)	〈名〉議事録

□□□ a written <u>minute</u> of a decision made by the Board of Directors
取締役会によってなされた決議の書面の<u>議事録</u>

1077	**commitment** (kəmítmənt)	〈名〉約束，義務，責任

□□□ ▶英文契約書では，通常，義務はobligationまたはduty，責任はliabilityまたはresponsibilityと記載し，commitmentがそれらの代わりに用いられることは少ないです。ただ，融資契約において，commitment lineという表現が使われることがあります。これは，銀行と企業等（顧客）があらかじめ設定した期間・融資枠の範囲内で，顧客の請求に基づき，銀行が融資を実行することを約束（コミット）する契約のことです。

1078	**seal** (síːl)	〈名〉印鑑，はんこ，印影

□□□ a company <u>seal</u>/ corporation <u>seal</u>　社印

1079	**if any**	もしあれば
1080	**if necessary**	もし必要なら
1081	**negotiation** (nəgòuʃiéiʃən)	〈名〉交渉

□□□ amicable <u>negotiations</u>　友好な<u>交渉</u>
negotiate (nigóuʃièit)〈他〉を取り決める
▶交渉のことを「ネゴ」，交渉することを「ネゴする」ということがありますが，それはここから来ています。

1082	**in good faith** (féiθ)	誠実に，誠意をもって

□□□ The Parties shall negotiate <u>in good faith</u> and use every reasonable effort to resolve such dispute.
契約当事者は，かかる紛争を解決するために<u>誠実に</u>協議し，あらゆる合理的な努力を尽くさなければならない。

1083	**file** (fáil)	〈他〉を申請する，を提出する

□□□ <u>file</u> a bankruptcy petition　破産の<u>申立て</u>を行う

1084	**furthermore** (fə́ːrðərmɔ̀ːr)	〈副〉さらに，その上

□□□ ▶in addition, additionally, さらには単にandでも同じ意味を表すことができます。

1085	**ambiguity** (æmbigjúːəti)	〈名〉曖昧さ，不明確さ

□□□　vague（véig）〈形〉曖昧な
▶契約交渉の際に，「to avoid the ambiguity of this provision」や「this provision is vague」などと相手に伝えてより明確な文言に修正を依頼する際に使える表現です。
▶ambiguityは複数の解釈がありえるという意味での曖昧さ，vagueは意味がはっきりしないという曖昧さという違いがあります。

1086	**at one's discretion** (diskréʃən)	〈名〉自由裁量，決定権

□□□ ▶誰に判断する権限があるのかを明示する際に使われます。これにsoleを加えて強調することもあります。
at its sole discretion

1087	**addendum** (ədéndəm)	〈名〉追加，付録

□□□　The Addendum constitutes part of this Agreement.
この追加部分は本契約の一部を構成する。

1088	**acceleration** (əksèləréiʃən)	期限の利益の喪失

□□□ ▶建設契約において，請負者が仕事を進めるペースを早めることもaccelerationと表されます。

1089	**general T&C**	一般条件

□□□ ▶「ジェネコン」と呼ばれることがあります。通常，これは準拠法や完全合意条項などのいわゆる「一般条項」という意味ではなく，ある取引における標準的な契約条項が列挙されている文書を意味します。個別の契約ごとに，この標準的な契約条項に変更を加えるものをspecial conditions（略して「スペコン」と呼ばれることもあります）とすることがよくあります。

1090	**mandatory** (mǽndətɔ̀ːri)	〈形〉義務的な　強制的な

□□□　a mandatory requirement　必須要件

1091	**down payment**	頭金，手付金

□□□ ▶いわゆるadvance payment（前払金）の意味で用いられていることがあります。契約ごとに具体的にどのような支払なのかを注意して読むようにしましょう。

1092	**disbursement** (disbə́:rsmənt)	〈名〉支出，支出額

☐☐☐ ▶融資契約で貸し手である銀行から借り手に対する資金の拠出を表すために
用いられることが多いです。
disbursement instructions from the Borrower
借り手からの<u>支払</u>指示

1093	**unlawful** (ʌnlɔ́:fl)	〈形〉違法の，非合法の

☐☐☐ <u>unlawful</u> use　<u>違法な</u>使用

1094	**generally accepted industry standards/practices**	一般的に受け入れられている業界標準／慣行

☐☐☐ ▶契約当事者の行為の基準として，これが用いられることがあります。
in accordance with <u>generally accepted industry standards</u>
<u>一般的に受け入れられている業界標準</u>に従って

1095	**by virtue of** (və́:rtʃu:)	に基づいて，の理由で

1096	**on behalf of** (bihǽf)	の代わりに，の代理として，を代表して

1097	**respective** (rispéktiv)	〈形〉それぞれの，各自の

☐☐☐ the <u>respective</u> obligations of each Party under this Agreement
本契約に基づく各当事者の<u>それぞれの</u>義務
▶respectiveの直後に来る名詞は複数形。一方，eachの直後に来る名詞は
単数形となります。

1098	**contemplated in**	…で意図されている，で想定される

☐☐☐ transactions <u>contemplated in</u> this Contract
本契約<u>で想定される</u>取引

1099	**common law** (kɑ́:mən)	コモンロー，英米法，慣習法，判例法

☐☐☐ ▶複数の意味があります。
　① 欧州大陸法の対立概念としてのイギリス法全体
　② equity（エクイティ）の対立概念としての法律
　③ Statutes law（議会制定法）の対立概念としての判例法（equityを
　　含むcase law）

1100	**equity** (ékwəti)	エクイティ，衡平法

☐☐☐ whether at law or in equity
コモンローであろうと衡平法であろうと
▶コモンローとエクイティについて，重要事項の解説(52)へ

1101	**inter alia** (íntər éiliə)	〈副〉とりわけ，特に

☐☐☐ The Parties shall, inter alia:
- (a) ○○○;
- (b) △△△;
- (c) ×××.

両当事者は，特に(a)〜(c)を行うものとする。

▶ラテン語です。among other thingsと置き換えることができます。もっとも，including, but not limited toと置き換えたほうが上の例でいえば，「(a)〜(c)を含むがそれに限られない」となるので，場合によってはよりふさわしいと言えます。

1102	**mutatis mutandis** (mjutáːtis mjutáːndis)	〈副〉必要な変更を加えて

☐☐☐ Section 5.1 through 5.4 shall apply mutatis mutandis to claims of the Seller.

本契約の第5条第1項から第4項は，売主の請求に対して準用される（売主の請求に対して必要な変更を加えて適用される）。

The Parties agree that the provisions of the Confidential Agreement executed between Company A and Company B as of September 10, 2023 are incorporated mutatis mutandis into this Agreement.

両当事者は，2023年9月10日に企業Aと企業Bとの間で締結された秘密保持契約の条文が，本契約に準用される（必要な変更を加えて適用される）ことに同意する。

▶ラテン語です。この表現を用いることで，ほぼ同じ条文を繰り返し定める必要がなくなるので便利ですが，「何が必要な変更なのか？」という点で争いになる可能性があります。単に契約当事者を入れ替えるだけの変更で済むというような場合以外にこの文言を使用する際は注意したほうがよいでしょう。

1103	**vice versa** (váisi vɜ́ːrsə)	〈副〉逆もまた同様に

☐☐☐ ラテン語です。

Except as otherwise expressly stated or unless the context otherwise requires, all references to the singular will include the plural and vice versa.

別途明記されている場合を除き，または，文脈が別途求めるのでない限り，単数形で記載されたすべての文言は，複数を含むものとし，そして，逆もまた同様とする（複数形で記載されているすべての文言は単数を含む）。

1104	**bona fide** (bóunə fáidi)	〈形〉**善意な，誠実な**

□□□ ラテン語です。法律の世界で「善意」とは，「知らない」という意味です。法律では，善意かどうかで結論が変わることがときどきありますが，契約ではそのようなことはほとんどないので，契約ではこの文言は滅多に使われません。

1105	**pro rata** (pròu réitə)	〈形〉**案分比例により**

□□□ on a <u>pro rata</u> basis　**比例配分**で
ラテン語です。「プロラタで」という表現は，例えば，保有する株式数に応じて配当や議決権が与えられるという場面で使われます。そのため，合弁契約でときどき使われる表現です。

1106	**pari passu** (pèri pæsu:)	〈副〉**同順位に，同等に**

□□□ ラテン語です。これは，pari passu clause（パリパス条項）のように，融資契約でよく使われる表現です。パリパス条項とは，例えば複数の貸主がいる融資契約の借主がその返済をする際に，複数の貸主に対して同率で返済することを義務づけている条項を指します。

1107	**convenience** (kənví:njəns)	〈名〉**便利，都合**

□□□ The Purchaser may terminate this Contract at any time for its <u>convenience</u>.
買主は，自己**都合**で，いつでも本契約を解除することができる。
the purchaser's right to terminate for **convenience**
買主の自己**都合**解除権

1108	**cure** (kjúər)	〈他〉**を直す，を治癒する**

□□□ <u>cure</u> the event of default within 30 days after 〜
〜の後30日以内に契約違反状態を**治癒する**
▶ちなみに，defect（不適合）を直す場合にcureが用いられることは滅多にありません（No.488〜500を参照）。

◆◆◆重要事項の解説◆◆◆

(1)◆英文契約書の中で文頭でもないのにProductのように頭文字が大文字にされている英単語があるのはなぜか？

その文言の意味が定義されていることを示しています。例えば，契約書中に以下のような定めがあったとします。

"Product" means a product specified in the Specifications.
（「製品」とは，仕様書に定められている製品を意味する。）

この場合，仕様書に定められている製品を表す際は，すべてProductと記載することになります。なお，契約書中に出てくる文言を定義する定義条項は，第1条に定められることが多いですが，必ずしも第1条に定義条項をもってこなければならないという決まりはありません。

(2)◆英文契約の成立条件

英文契約の成立条件について厳密に理解しようとすると結構な量の解説が必要になりますが，企業同士で取り交わされる文書に関しては，以下のように理解しておけばほぼ足ります。

「複数の企業間で，それぞれの約束事を記載した書面に，各企業の代表者の署名がなされたもの」

したがって，みなさんが所属している企業と他の企業が，それぞれ何か行うべき事項を記した文書に，例えばそれぞれの代表取締役の署名が付された場合には，契約として成立すると考えて問題ありません。

(3)◆法的拘束力（binding）とは？

法的拘束力とは，「契約に違反した当事者に対して，最終的には裁判所が強制的に責任をとらせる力」のことです。例えば，売買契約において，売主が製

品を買主に引き渡したのにもかかわらず，買主が契約上の支払期限までに対価を支払わない場合，売主は買主に対して支払うように催促をすることになるでしょう。それでも買主が支払わない場合には，売主はやむを得ず契約を解除して損害賠償金額の請求について裁判に訴えることになります。ここで，売主が裁判で勝訴し，裁判所が買主に「損害賠償金額を支払え」と命じる判決を下しても，買主がそれを拒むことがあります。この場合，裁判所は，買主の財産を強制的に差し押さえて競売にかけて第三者に売ります。そこから得た金額で損害賠償金額が売主に支払われることになります。

(4)◆契約書に定められている主な事項

契約書には，主に①権利，②義務，③責任が定められています。①権利とは，自分が相手に対して何かをするように求めることができること，②義務とは，自分が相手に対して何かをしなければならないこと，③責任とは，義務を果たすことができない場合に，相手に対して行わなければならないことです。これらで8割以上といっても過言ではありません。このことから，契約書を読むときは，「①相手に義務づけたいことは網羅されているか，②自社にできることが義務づけられているか，③違反の効果（責任の内容）は適切か」という観点からチェックするように心がけるとよいでしょう。

(5)◆義務と責任の関係

英文契約書では，義務（obligation/duty）と責任（liability/responsibility）の区別は曖昧ですが，概ね次のように使い分けがなされていることが多いように思われます。例えば，「仕様に合致した製品を納期までに引き渡す」といった契約上しなければならないことが「義務（obligation/duty）」で，この義務に違反した結果生じる相手方当事者の損害を賠償したり，不適合を無償で修理したりすることが「責任（liabilityやresponsibility）」である，というものです。

(6)◆arising out of or in connection with

英文契約中には，ときどき，arising out of or in connection withやin respect of or arising fromといったような表現が出てきます。これは,「…から生じる」と「…に関する」を合わせたものです。ここで気になるのが,単にarising out ofと記載した場合とarising out of or in connection withの間に法的な意味で差が生じるか,という点です。

この点については,海外の書籍を含めて,残念ながらはっきりと触れている参考書を見つけることができませんでした。

意味から考えると,arising out ofは「…から生じる」なので,直接的な原因を示しているように思えます。一方,in connection withやin respect ofは「…に関する」なので,それよりもやや間接的なつながりを意味する文言であると感じられます。

実務において,これらの使い分けが明確になされているわけではないように感じますが,傾向としては,大きなプロジェクトで,契約金額も大きな案件の契約ほど,このような併記がなされているようです。念のため併記しておこうという意識がドラフトをする弁護士に生じるのかもしれません。

(7)◆injunction（差止命令）とは？

契約違反の場合の救済は,原則として損害賠償の支払です。しかし,秘密保持契約違反の場合には,損害賠償金額の支払では回復できないほどの損害が開示当事者に生じる可能性があります。そのため,秘密情報が漏えいするのを事前に防ぐために,裁判所による受領当事者への差止めが有益といえます。差止めを求める権利が契約に定められていなくても,開示当事者が差止めを裁判所に求めることはできるはずですが,あえて明記されることがあります。これは,契約書に明記することによって受領当事者に秘密情報の扱いをより厳重なものとするように注意を促すことに狙いがあると思われます。

(8)◆インコタームズ（Incoterms）

インコタームズの主な事項を以下にまとめました。ご参考ください。

用語	英文表記	条件	運送費の負担	保険料の負担	リスクの移転時期
FCA	Free Carrier	運送人渡し条件	輸入者	輸入者	輸入者が指定した運送人に輸出地の指定場所で引き渡したとき
CPT	Carriage Paid To	輸送費込み条件	輸出者	輸入者	輸出地で輸出者が指名した運送人に引き渡したとき
CIP	Carriage and Insurance Paid To	輸送費・保険料込み条件	輸出者	輸出者	輸出地で輸出者が指名した運送人に引き渡したとき
FOB	Free on Board	本船渡し条件	輸入者	輸入者	輸出港で貨物が本船の上に置かれたとき
CFR	Cost and Freight	運賃込み条件	輸出者	輸入者	輸出港で貨物が本船の上に置かれたとき
CIF	Cost, Insurance and Freight	運賃保険料込み条件	輸出者	輸出者	輸出港で貨物が本船の上に置かれたとき
EXW	Ex Works	工場渡し条件	輸入者	輸入者	貨物が引き渡されたとき
DPU	Delivered at Place Unloaded	荷降ろし込持込み渡し条件	輸出者	輸出者	輸入地の指定場所で貨物を降ろして引き渡されたとき
DAP	Delivered at Place	仕向地持込み渡し条件	輸出者	輸出者	ターミナル以外の任意の場所で貨物を引き渡されたとき
DDP	Delivered Duty Paid	関税込み持込み渡し条件	輸出者	輸出者	輸入地の指定場所で引き渡されたとき
FAS	Free Alongside Ship	船側渡し条件	輸入者	輸入者	輸出港で貨物が本船の船側に置かれたとき

⑼◆FOB・CIFとFCA・CIPの違い

　CIFとは，インコタームズの1つです。インコタームズというと，英文契約の参考書では，なぜかFOBとCIFがよく例示されます。しかし，コンテナ輸送の取引の場合には，これらよりも早い段階でリスクが売主から買主に移転するFCAやCIPのほうが売主にとっては有利となります。具体的には，上の表にあるように，FOBやCIFの下では，リスクは船積み時点で買主に移転するのに対し，FCAやCIPの場合には，製品を輸送用の船の運送人に渡された時点（輸出港のコンテナヤードである場合が多い）で買主にリスクが移転します。東日本大震災の時のように，輸出港が津波でのまれてしまい，船積み前のコンテナヤードに保管されている製品が損傷した場合にこの差が出ます。

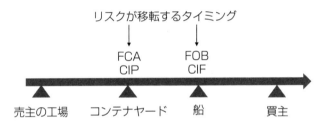

⑽◆相殺とは

　相手方に対して負っている義務を，相手方に対して持っている権利で帳消しにする行為です。例えば，売買契約の買主が，売主に300万円支払う義務を負っていたとします。一方，売主が納期に遅れた結果，売主は納期遅延LDとして100万円を買主に支払わなければならなくなったとします。このとき，買主は，売主に対して負っている「300万円支払う義務」を，売主に対して持っている「100万円の支払を受ける権利」で相殺し，残額200万円を売主に支払えばよいことになります。

⑾◆エスクロー（escrow）

　エスクローは，商業信用状（commercial LC）と同様に，「取引の安全」を

守るために考え出された仕組みです（commercial LCについては(14)を参照）。つまり，売主が商品を買主に先に引き渡した場合に，買主が対価を支払わない事態が起こるのを防ぐものです。売主と買主の間に第三者機関（エスクローエージェント）が入り，中立的な立場で取引をサポートします。具体的なエスクローの仕組みはこうです。

① 売買契約締結後，買主がエスクローエージェントに契約金額を預ける。
② エスクローエージェントは売主にその旨を伝える。
③ 売主は買主に商品を引き渡す。
④ 買主が商品を受領した旨をエスクローエージェントに伝える。
⑤ エスクローエージェントは買主から受領していた契約金額を売主に支払う。

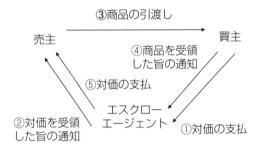

(12)◆SWIFT

Society for Worldwide Interbank Financial Telecommunication（国際銀行間金融通信協会）の略称です。外国送金の際に銀行が使う仕組みで，世界中の銀行をつなぐネットワークです。電信送金（T/T）や信用状（LC）もSWIFT上で伝達されています。仕組みはこうです。

A銀行が海外のB銀行に送金を行おうとする際，A銀行とB銀行の間には直接的なつながりがないことが多いです。ここで，仲介となる銀行（コルレス銀行）を挟んでリレーのように情報を伝達していき送金を実現します。なお，コルレス銀行は2つ以上入ることもあります。これにより，時間と費用がかかるというデメリットもあります。

SWIFTから排除されると国際送金ができなくなるため，最近は経済制裁の手段としてSWIFTが注目されることがあります。

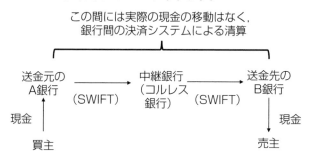

⒀◆head office overhead（本社経費）

本社などの管理部門の維持管理に費やされる経費のことです。具体的には，次のようなものがあります。

・請負者の固定資産税
・本社があるビルの賃貸料
・本社の光熱費
・社長や役員などの報酬
・総務・経理・人事・法務などの管理部門の維持管理費用

材料費や労務費とは異なり，製品を作って販売することに直接的な結びつきがないので，これらの費用を損害賠償として相手に請求する際には工夫が必要となります。

⒁◆Commercial LC（商業信用状）

売買契約においては，売主が買主から対価の支払を得るより先に，売主が製品を買主に向けて出荷するのが通常です。この場合，買主が製品を受け取ったにもかかわらず，売主に対価を支払わないという事態が生じるおそれがあります。これを解消するために，先に買主が対価を支払い，その後売主が製品を出荷するようにすることが考えられます。しかし，この場合には，対価を受け取った売主が製品を出荷しないという事態が生じるおそれがあります。この

「買主を立てれば売主が立たない。売主を立てれば買主が立たない」という問題を解決するために考え出されたのが商業信用状です。これは，買主の代わりに銀行が売主に対して支払を保証するものです。その仕組みはこうです。

　まず，買主が銀行に信用状の発行を依頼し，その銀行は売主に対して信用状を送付します。その信用状には，売主が揃えるべき書類が記載されており，その信用状と書類を一式揃えて銀行に提出すると，銀行は売主に対価を支払わなければならなくなります。この売主が揃えるべき書類の1つに，「船荷証券」（bill of lading）があります。船荷証券とは，売主が売買契約の目的物である製品を買主へ輸送するための船に乗せたときに，その船会社から得られる「製品を船に乗せました」という証明書のことです。つまり，売主は，製品を輸送用の船に乗せれば，銀行から対価を得られることになります。これにより，製品を出荷したが，対価を支払ってもらえないという事態が生じなくなります。一方，信用状を発行した銀行が売主に対価を支払った時点で，すでに製品は買主に向けた船に乗っているので，買主は，対価を支払ったが，製品の引渡しを得られないという事態が生じなくなります。以上のことから，商業信用状を売買契約の決済手段として用いることで，「売主が対価を得られないリスク」も，「買主が製品の引渡しを受けられないリスク」も手当てされることになるわけです。

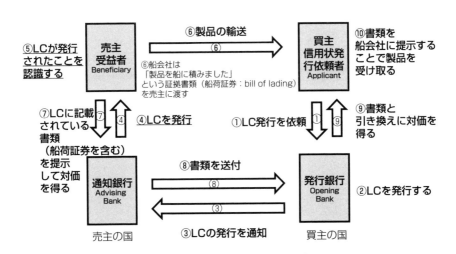

⒂◆Standby LC（スタンドバイ・エルシー）

　⑭で解説したCommercial LC（商業信用状）は買主が売主のために提供するものですが，逆に売主が買主のために提供するのがStandby LCです。Standby LCも銀行が発行します。買主は，Standby LC，およびそこに記載されている準備すべき書類を発行銀行に提出すれば，Standby LCの保証金額内で支払を発行銀行から得ることができます。これにより，実質的にbond（ボンド）と同じ働きをすることになります。bondについては㉖を参照ください。そのため，Standby LCもボンドと呼ばれることがあります。Standby LCの仕組みはこうです。

　まず，売主が銀行に対してStandby LCを買主に発行するように依頼し，この依頼に応じて銀行（発行銀行）が買主にStandby LCを発行します。次に，買主が，「売主が契約に違反したにもかかわらず，損害賠償を支払おうとしない」と感じたとします。このとき，買主は，Standby LCと，そこに記載されている書類を揃えて銀行に「売主が契約に違反したにもかかわらず，損害賠償を支払わないので，代わりに支払え」と伝えます。すると発行銀行は，買主のその主張が正しいかどうかを調査する必要はなく，その求めに応じて買主にStandby LCに記載されている保証金額の範囲内で支払うことになります。そして，発行銀行は，買主に支払った分を売主から得ることになります。ここで，売主が「自社は契約に違反していないので，Standby LCに基づく請求も支払

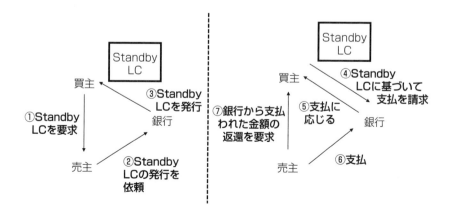

も不当だ」と考えることもあります。このような場合でも，売主は，発行銀行が買主に支払った分を発行銀行に支払うことを拒むことはできません。売主は，買主に対して，「Standby LCに基づく請求に理由はないのだから，発行銀行から支払われた金額を返還せよ」と言えるだけです。

⒃◆ liquidated damagesとは？

　liquidated damagesとは，略してLD（エル・ディー）と呼ばれることが多いです。これは，日本では，民法420条の「賠償額の予定」に当たるものです。売買契約を例にとると，売主は，納期までに製品を買主に引き渡す義務を負います。それに遅れた場合には，納期遅延によって被った損害額を買主が立証すれば，売主はその金額を買主に支払わなければならなくなります。ここで，納期に遅延したことで買主が被った損害を立証するのは必ずしも簡単ではありません。そこで契約書には，「1日の遅れにつきX円損害賠償金額を売主は支払う」と合意しておきます。これがLDです。ここで，もしも売主が10日間遅れた場合には，X円の10倍の10X円を売主が買主に支払う責任を負うことになります。このとき，買主は，遅れによって被る損害額を立証する必要はありません。つまり，LDを定めることで，買主の立証責任が実質的になくなるわけです。

　このLDの最大の特徴は，実際に被った損害がいくらであるかとは無関係に，LDとして合意した金額が支払われることになる，という点です。仮に買主が，LDよりも多くの損害を被ったと立証しても，売主はLDの額を支払えば損害賠

実際に生じた損害がLDより
多くても，少なくても，
LDの金額を払うことになる！

実際の損害
80万米ドル

100万米ドル

LPとして定めた金額

実際の損害
120万米ドル

償責任を果たしたことになります。逆に，売主が，契約違反によって買主が被った損害額がLDの額よりも少ないことを立証しても，売主はLDの金額を支払わなければなりません。

⒄◆liquidated damagesとpenaltyの違い

LD（liquidated damages）と似て非なるものに，penalty（ペナルティ）があります。penaltyとは，罰金のことで，契約違反によって生じた損害の補填ではなく，違反したことを懲らしめるために課されるもの，つまり，懲罰的なものです。英米法では，契約責任として懲罰的損害賠償金額を定めることは禁止されています。よって，契約書にpenaltyを定めても，それは無効となります。一方，損害の補填を目的とするLDは有効です。

⒅◆Time is of the Essence

Time is of the Essenceとは，直訳すれば「時間は重要である」といった意味になるでしょう。これは，英米法の下では，「納期に間に合わせることが，本契約における本質である」という意味です。これは単に，「納期遵守を買主が大変重視していることを売主に知らせるため」だけのものではありません。この文言を定めるということは，「納期に遅れたら，買主にとって，この契約を締結した意味がなくなるので，買主は契約を解除する」という意味があります。

よって，通常，この文言が定められている契約において納期に遅れたら，売主は，即座に契約が解除され，その解除によって生じる買主の損害を売主が賠償しなければならなくなります。

⒆◆sole and exclusive remedyとは？

納期遅延LDが定められている場合，英米法では，売主が納期遅延LDを支払えば，それ以上損害賠償金額を買主に支払う必要はありません。ただ，この点を明確にするために，「LDは買主の唯一かつ排他的な救済である」と明記されることが一般的です。この「唯一かつ排他的な救済」を表す英語が，sole and exclusive remedyです。この文言を記載しなくても，基本的にLDはそれを支払えばそれ以上損害賠償責任を負わないというものですが，念のため，英文契約書に明記しておくことをお勧めします。

⒇◆limitation of liability（責任制限）とは？

　契約に違反した者は，その違反によって相手方が被る損害をすべて賠償しなければならないのが原則です。しかし，この原則を貫くと，特に企業間の取引では，損害賠償金額が莫大なものとなり，違反した当事者が倒産してしまいかねません。それを防ぐために，売主は予備費として契約金額を高額に設定するようになります。こうなると，買主や発注者は困ります。そこで，業界にもよりますが，海外案件では，契約違反の場合の損害賠償金額に制限を設けることがよく行われます。このような条項を責任制限条項（limitation of liability）と呼びます。略してLOL（エル・オー・エル）とも呼ばれます。具体的には，①損害賠償金額に上限を定める，および②間接損害（indirect damage）や逸失利益（loss of profit）などを免責するというものがあります。

㉑◆indirect, special, or consequential damageとloss of profitの違い

　indirect damage（間接損害），special damage（特別損害），consequential damage（結果損害）は，いわゆる二次的・派生的な損害を意味します。これらの間に差異はないと考えてよいです。一方，これと似て非なるものが，loss of profitです。これは「契約上の義務が適切に果されていたなら得られたはずの利益」で「逸失利益」と訳されます。例えば，売買契約の保証期間中に製品に不適合が発見され，それを修理しなければならなくなったとします。当然，修理期間中はその製品を使えなくなります。もしも不適合がなかったならば，買主がその製品を使用することで得られたはずの利益があったはずですが，それを得られなくなるわけです。これがloss of profitです。この場合，製品の不適合が一次的・直接的な損害であり，loss of profitは二次的・派生的な損害に思えるかもしれません。しかし，このloss of profitが一次的・直接的な損害と

判断されるか，二次的・派生的な損害と判断されるかは，一概には言えません。「そのような不適合があれば，当然にloss of profitが生じる」と思われる状況においては，loss of profitは一次的・直接的な損害と判断されることがあるのです。

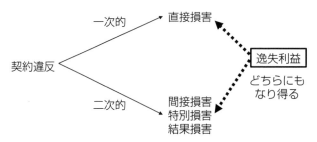

ここで重要となるのは，このloss of profitはときに巨大な金額になることがあるという点です。売主としては，できればloss of profitの賠償責任を負いたくないと思うでしょう。そこで，責任制限条項として，単にindirect damageやspecial damageなどが免責される，と定めるのみならず，loss of profitも免責される旨を必ず明記するようにしましょう。loss of profitと明記しておかないと，「今回生じたloss of profitは一次的な損害，つまりdirect damageなので，売主は免責されない。つまり，売主は賠償すべき」という判断が裁判や仲裁で下る危険があります。

⑵◆whether in contract, tort, or otherwise（契約責任と不法行為責任）

契約に違反した場合に，違反した当事者が契約に基づいて負う責任が「契約責任」です。例えば，売買契約で，売主が納期までに買主に製品を引き渡さない場合には，売主は契約責任として，買主に対して損害賠償金額を支払わなければならなくなります。一方，契約関係にない当事者間でも，損害賠償責任が生じることがあります。例えば，交通事故の場合です。自動車を運転していた加害者と歩いていた被害者との間には，なんら契約関係はありません。しかし，運転手である加害者は，被害者にケガの治療費などを支払わなければならなくなります。これは，法的には，他人の権利や利益を不法に侵害した者が，tort,

つまり「不法行為責任」と呼ばれるものを負うことになるからです。

　ここで気をつけていただきたいことがあります。それは，契約に違反した者は，相手方に契約責任を負うことは当然ですが，不法行為責任をも負うことになり得るということです。契約に違反した結果，「他人の権利や利益を不法に侵害した」といえることがあるからです。その結果，納期に遅延した売主は，契約責任として，買主から損害賠償を請求されると同時に，不法行為責任としても損害賠償を請求され得るのです。もっとも，賠償額が2倍になるわけではありません。単に，請求の根拠が2つある，というだけで，契約責任として損害賠償を支払えば，同じ損害について不法行為責任の分を賠償しなければならなくなるわけではありません。

　ただ，責任上限や間接損害の免責を定める条文には，「契約責任のみならず，不法行為責任としても，責任は上限までとし，間接損害などは負わない」という点を明確にするために，whether in contract, tort or otherwiseという文言を明記しておきましょう。

⒆◆gross negligence（重過失）とは？

　過失とは，注意義務違反です。イメージしやすいのは交通事故です。交通事故の加害者である運転手は，通常，わざと人を撥ねようとしているわけではなく，本来払うべき注意を払わなかった結果として事故を起こします。これは，過失による事故となります。この過失の程度が著しいものが「重過失」です。つまり，重過失とは，「ほんの些細な注意すら怠ってしまった状態」を指します。

　この重過失が重要となるのは，責任制限条項との関係です。責任制限条項は，違反した当事者が故意・重過失の場合には，適用されなくなります。そのため，売主が契約に違反した結果，巨大な損害を被った買主は，責任制限条項が適用されないようにするために，「今回の違反は重過失だ！」と主張してくることが多々あります。ここで，売主としては，たしかに契約に違反しているので，後ろめたさから，つい，この買主の主張を認めがちです。しかし，重過失とは，上述したように，「重大な結果」が生じたか否かではなく，「注意を怠った程度

が著しい」場合をいいます。つまり，生じた損害が巨大であっても，重過失ではない場合はあるのです。よって，売主としては，「たしかに損害は大きいが，重過失ではない」という点を冷静に説明するように心がけましょう。

㉔◆latent defect liability

契約不適合責任期間内には発見し得なかったが，契約不適合期間経過後一定期間内（例えば12カ月など）に発見された不適合については，売主が無償で修理・交換する責任を負う旨が定められることがあります。これは，プラント用機器のような重機械の製造物供給契約において，契約不適合期間中にその機械の中身を確認する機会がないために，「実際は不適合があるのだが，発見されない場合があること」への対策として買主が定めてくるものです。よって，売主の立場としては，この種の責任を制限するために，契約不適合期間中に定期検査が行われず，機器の中身に不適合があることを発見できなかった部分に限定するようにしましょう。ちなみに，日本の旧民法の「隠れた瑕疵」とは別物です。

㉕◆黙示の保証の排除

express warranty（明示の保証）とは，「<u>契約書に明記されている</u>保証事項」という意味です。一方，implied warranty（黙示の保証）は，「契約書に明記されていないが，<u>法律に定められている</u>保証事項」を指します。つまり，明示か黙示かの基準は，「<u>契約書に書いてある保証事項なのか否か</u>」という点にあるわけです。英米法上，このimplied warrantyとして押さえておきたいものには2つあります。1つは，fitness for a particular purposeで，「特定目的適合性の保証」と呼びます。これは，売主は，買主が示した目的に合致した製品を提供することを保証することになるという意味です。もう1つは，merchantabilityで，「商品性の保証」と呼びます。これは，売主は，その製品が通常備えているべき品質を備えていることを保証することになるという意味です。これら2つは動産取引に適用されるもので，原則として，売主はこの黙示の保証について責任を負うことになりますが，契約に，「契約に明記されて

いる保証事項以外，何も保証しません」と定めることで，黙示の保証を負わないようにすることが一般的です。これを「黙示の保証の排除」（disclaimer of implied warranty）と呼びます。英米法では，この黙示の保証の排除を定める条文は，買主にとって不利な内容であるため，目立つように記載しなければ効果が認められないとされています。そのため，この条文の文字はすべて大文字で記載されるのが通常です。

㉖◆Bond（ボンド）とは

通常は，bank guarantee（銀行保証状）を意味します。買主が売主にボンドの発行を求め，売主は銀行にボンドの発行を依頼します。それを受けて銀行（発行銀行）はボンドを買主に対して発行します。このボンドには，通常，次のような文言が記載されています。

「私たち○○銀行は，このボンドに基づいて，あなた（買主）が要求したら，すぐに，このボンドが保証する金額の範囲内で，要求された金額をあなた（買主）に対して支払います。」

この文言にあるとおり，買主がボンドを発行銀行に示し，「支払え」と求めると発行銀行はただちに保証金額の範囲内で買主からの支払要求に応じなければなりません。「求められたらただちに支払う」という点を捉えて，on demand bondと呼ばれることもあります。そして，発行銀行は，買主に支払っ

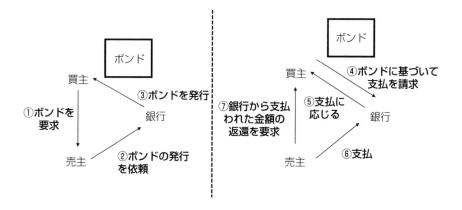

た分を売主から得ることになります。ここで，売主が「自社は契約に違反していないので，ボンドに基づく請求も支払も不当だ」と考えることもあります。このような場合でも，売主は，発行銀行が買主に支払った分を発行銀行に支払うことを拒むことはできません。売主は，買主に対して，「ボンドに基づく請求に理由はないのだから，発行銀行から支払われた金額を返還せよ」と言えるだけです。Standby LCもこのボンドとほぼ同じ働きをします。

㉗◆parent guarantee（親会社保証）

ある会社（子会社）の親会社が，その子会社の契約相手方に対して，その子会社による義務や責任を保証するものです。つまり，子会社が義務や責任を果たさない場合には，保証を出した親会社が代わりに果たさなければならなくなります。親会社が出す保証なので，赤の他人である第三者が出す保証と区別して「親会社保証」と呼ばれます。

㉘◆Force Majeureとは？

Force Majeureとは，簡単に言えば「不可抗力」です。漢字から意味を推測すると，「契約当事者には抗うことができない力」となりますが，意味が曖昧な言葉です。そのため，英文契約書では，Force Majeureの意味を定義するのが通常です。概ね，次のように定義されることが一般的です。

「①予測不可能，②対処不可能，そして③コントロール不可能な事象」

その上で，様々な事象を例示として個別に列挙していきます。そして，Force Majeureに該当する事象によって契約上の義務の履行が妨げられた場合には，その妨げられた当事者は契約違反の責任を負わないという効果が与えられます。

㉙◆mitigation（損害拡大防止義務）

契約相手方の契約違反があった場合に，違反された当事者は，その違反から生じる損害が最小限になるように行動しなければならないというものです。この損害拡大防止義務を果たさなかった結果生じた損害については，相手方に損

害賠償を請求できないことになります。

(30) ◆ 努力義務

　契約上の義務は，果たすことが求められています。例えば，売買契約で買主は対価を支払う義務を負っていますが，これは，実際に対価を支払うことを求められているのであり，もしもこれを果たせないと，契約違反となり，売主に対して損害賠償責任を負うことになります。一方，「努力義務」とされているにすぎない場合は，必ずしも結果を出すことは求められていません。文字どおり，努力したと認められれば義務を果たしたことになります。とはいえ，努力したとは具体的にどのような状態を指すのかは不明確です。そこで，ある行為について努力義務を定める場合には，その努力に費やす金額に上限を設けておくことも1つの方法です。つまり，努力義務として「〇円以上かける必要はない」と定めておけば，〇円かけたのなら，それ以上何かを行う必要はないことが明確になります。

(31) ◆ risk of loss（リスクの負担）

　どちらのせいでもない理由で売買契約や請負契約の目的物が毀損・滅失したときに，どちらの当事者がそれを修理・交換する費用を負担するのかというのがリスクの負担の問題です。通常，契約締結日から製品の出荷日や検収日までは売主がリスクを負担し，それ以降は買主が負担すると契約に定められます。このリスクの移転時期の基準は，「どちらが製品を支配・管理しているか」に基づいて決められることが多いです。

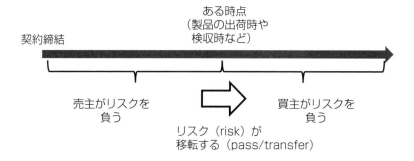

ところで，英文契約では，risk of lossもForce Majeureも，どちらのせいでもない事象が生じた場合の扱いを定めています。しかし，risk of lossは，検収までは**売主が責任を負う**となっていることが多いのに対し，Force Majeureの場合には，**売主が免責される**と定められています。すると，両者は矛盾するように思えるかもしれませんが，実は，両者は適用される場面が異なっているだけで矛盾はしていません。

　risk of lossは，どちらのせいでもない事象で目的物である製品が**毀損・滅失**した場合の修理費用の負担者は誰か，という問題です。一方，Force Majeureは，どちらのせいでもない事象で売主の履行が妨げられた結果，**納期に遅れることになった場合**に，売主は納期遅延の損害賠償を買主に支払わなければならないのか？　という問題です。

㉜ ◆lien（リーエン）

　英米法における担保権の一種で，日本でいうところの先取特権に似たものであることが多いです。例えば，売買契約の売主は，売買の対象である製品を作るために材料や部品を下請から調達します。売主がその材料を用いて作った製品を買主に引き渡したが，未だ売主がそれら材料や部品の対価を下請に支払っていない場合，その下請は買主に引き渡された製品にリーエンを有しており，このリーエンを行使することで，その製品を競売にかけて売却し，そこで得た金額から自身の債権を回収することができます。

㉝ ◆defend, indemnify, そしてhold harmlessの違い

　この3つは，どれも同じ意味といわれることが多いようです。しかし，必ずしもそうではなく，差があると捉えられる場合もあるようです。特に，defendとindemnify/hold harmlessとの間には違いがあるといわれることがあります。具体的には，indemnify and hold harmlessは，相手が損害を被った第三者に対して支払う，または支払うことになる損害賠償金額を肩代わりすることを意味し，一方，defendは，第三者が相手方に対して損害賠償の請求をしてきた場合に，相手方に代わって第三者と協議・交渉することを意味すると考えられてい

るようです。

㉞ ◆ attorney's feesを明記する意味

弁護士費用は，通常，損害賠償金額の中には含まれないものと考えられています。そのため，もしも契約に違反した者に弁護士費用を負担してもらいたいと考えるならば，その旨を明記するべきです。実際，indemnify条項においては，弁護士費用を負担する旨がincluding attorney's feesという形で定められるのが通常です。

㉟ ◆ suspendとterminate（中断権と解除権）

一次的に義務の履行を止めるのが中断で，契約を一方的に終了させるのが解除です。中断は再開が予定されているのに対し，解除では，再開は予定されていません。いきなり契約を解除するのではなく，中断という一段階を入れることがよく行われます。特に売主は，買主が対価を支払わない場合に履行の中断権を行使できるように契約上手当てしておくことが重要となります。

㊱ ◆ 販売店契約と販売代理店契約の違い

<u>販売店契約</u>では，供給者が販売店に製品を販売し，その製品を販売店が顧客に販売します。つまり，供給者と顧客との間には売買契約は締結されません。一方，<u>販売代理店契約</u>では，代理店が供給者の代理となって，供給者と顧客との間で売買契約が締結されます。例えば，顧客に販売された製品に不適合があった場合には，販売店契約の場合には，顧客に直接的に責任を負うのは販売店であるのに対し，代理店契約の場合には，供給者となります。このような違いがあるにもかかわらず，販売店契約を販売代理店契約と呼ぶこともあり，その場合，どちらに当たるものなのかは契約の中身を見ないと判断できないので注意が必要です。

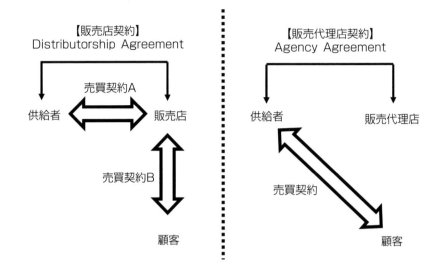

㊲◆支店（branch）と子会社（subsidiary）

　支店とは，本社から遠隔にある地域において，本社と同様の営業を展開するために設置された事務所のことをいいます。一方，子会社とは，本社が50％以上の株式を保有している会社です。つまり，支店は本社の一部ですが，子会社は本社の一部ではなく，本社とは別の法人です。

　例えば，支店が売主として売買契約を締結した場合，その製品の引渡し義務を負うのは，支店を含む本社です。一方，子会社が売主として売買契約を締結した場合には，その製品の引渡し義務を負うのは，あくまで子会社であり，本社はなんらの義務を負いません。

㊳◆基本契約と個別契約の関係

　基本契約とは，複数の取引に同じ条件が適用されるようにするための契約をいいます。販売店契約は，基本契約であるのが通常です。例えば，A社とB社間で毎月1回，合計12回の売買の取引が行われるとします。ここで，1回1回の取引ごとに売買契約を結ぶとなると合計12回契約を結ぶことになります。一方，基本契約を結ぶと，この12回の取引のすべてに，一度締結された基本契約

中の定めが適用されることになります。もっとも，取引ごとに納期や金額など，異なる部分が出てくるので，そういった個別の取引によって差が出る部分だけ，A社とB社間で都度個別契約を締結することになります。

㊳ ◆ herebyについて

herebyは，「本条により」または「本契約により」という意味です。「ここに」と訳されることが多いです。契約書に定められている通常の義務は契約締結後に当事者が何かしらの行動に出ることが想定されています。例えば，

The Purchaser <u>shall pay</u> the Contract Price to the Seller.

であれば，買主が契約金額を売主に支払うという行為を実行することが求められます。一方，

The Licensor <u>hereby</u> grants the license to the Licensee to design, manufacture, sale the Product.

の場合には，ライセンサーは，ライセンスをライセンシーに与えるために，<u>何か行為を実行することは求められていません。</u>この場合は，この文言が定められている契約書が締結された時点で，ライセンサーはライセンシーにライセンスを与えたことになります。まさに，hereby＝本条項が定められていることによって，ライセンサーはライセンシーにライセンスを与えたことになるわけです。そのため，「義務」を意味するshallはこの場合には不要となります。

このようにherebyが用いられている条文を「遂行文」と呼びます。

㊵ ◆ sublicenseとhave manufactured（have made）

サブライセンスは，ライセンシーがライセンサーから受けたライセンスを第三者に対して与えることです。これにより，その第三者は，ライセンシーと同様に，ライセンス製品を作って販売することができるようになります。一方，have madeは「作らせる」という意味で，これは，ライセンシーがライセンサーから受けたライセンスを<u>自社の下請に使わせることを</u>指します。これにより，その下請は，ライセンス製品を<u>ライセンシーのために作る</u>ことになります。サブライセンスの場合には，サブライセンスを与えられた者が作ったライセン

ス製品を顧客に販売するのはそのサブライセンスを与えられた者ですが，have madeの場合には，下請が作った製品を顧客に販売するのはライセンシーです。

＜サブライセンス＞

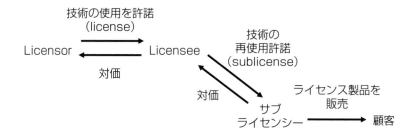

＜ハブ・メイド＞

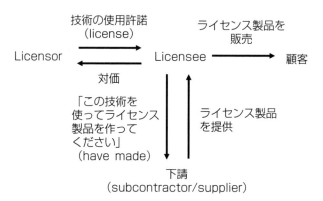

⑷◆net sales price（正味販売価格）

ライセンス契約におけるライセンシーからライセンサーへのロイヤルティの算出の基礎とされる金額で，具体的には，ライセンシーがライセンス製品を顧客に販売して得られた金額そのものから，税金，輸送費，梱包費，倉庫保管費，ライセンサーからの材料調達費などを除いた金額です。思想としては，ライセンシーがライセンス製品を販売したことで得られた金額から，ライセンス技術が寄与していない部分を除くというものです。具体的にいかなる金額を除いた

ものをNet Sales Priceとするかは，後日の争いを避けるために，契約で明確に
定義するのが通常です。

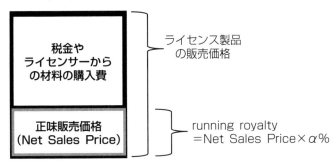

⑷ ◆ directorとofficer

日本では，directorは「取締役」，一方，officerは取締役，会計参与，および
監査役を含む「役員」という訳を当てることが多いです。そして，executive
officerを「執行役」としています（日本の会社法の英語版はそのようになって
います）。しかし，会社の制度は国によって異なり，ある国の会社法に定めら
れているdirectorやofficerが日本の会社法上の意味と同じとは限りません。特
に合弁契約を締結する場合には，その国のdirectorやofficerとはどのようなも
のなのかを調査するようにしましょう。

⑷ ◆ アライアンス（alliance）

企業同士の提携。異なる企業が協力して事業を行うこと一般を指します。業
務提携，資本提携，そして資本業務提携に分類されることが多いです。例えば，
共同研究契約，技術ライセンス契約，販売店契約，合弁契約などがあります。
企業買収（M&A）は，アライアンスの１つと考えられることもありますが，
通常，アライアンスには含まれません。

⑷ ◆ 主な一般条項の概要

以下は，主な一般条項の内容を簡潔に示したものです。

● 定義条項（Definitions）

契約書中で使われる文言の意味を定義する条項

● **準拠法条項 (Governing Law)**

契約条文を解釈する際に適用する法律を特定するための条項

● **紛争解決条項 (Dispute Resolution)**

契約に関する紛争を解決するための方法を定める条項

● **通知条項 (Notice)**

契約に関して必要となる通知の宛先を定める条項

● **契約期間条項 (Term)**

契約の有効期間を定める条項

● **契約上の権利義務の譲渡制限条項 (Assignment)**

契約上の権利義務を第三者に譲渡することを制限する条項

● **完全合意条項 (Entire Agreement)**

契約に関する事項については，契約書にすべて定められている旨を定める条項（より正確には，口頭証拠排除の準則が適用されやすくするための条項）

● **修正・変更条項 (Amendment and Modification)**

契約書を修正・変更するための条件を定める条項

● **無効な部分の分離条項 (Severability)**

契約書中のある部分が無効と判断された場合，残りの部分は有効である旨を定める条項

● **権利放棄条項 (Waiver)**

ある事項について権利を保持する当事者がその権利を行使しなかった場合でも，その権利自体を放棄したものと解釈されないことを定める条項

● **見出し条項 (Heading)**

契約書中の条文のタイトルには法的拘束力はなく，条文の解釈に何ら影響を及ぼすものではない旨を定める条項

● **贈賄禁止条項 (Bribery)**

贈賄を行ってはならず，もしも相手方が贈賄を行った場合には，契約を解除できる旨を定める条項

● **パートナーシップ条項 (Partnership)**

各契約当事者はそれぞれ独立した存在で，一方当事者が他方当事者の代理となるものではなく，この締結された契約以外ではなんらパートナーになるものではない旨を定める条項

⑷⑸ ◆ 紛争解決方法（Dispute Resolution）

契約に関して契約当事者間で意見の食い違いが生じ，これが契約当事者間の協議では解決されない場合に，どちらの主張が正しいか第三者に判断を求める方法です。裁判，仲裁，調停の3つがあります。以下にこれらの比較を簡単にまとめました。

	裁判	仲裁	調停
判断する者	裁判官	仲裁人	調停人
審理の回数	3回	1回	1回
審理は公開されるか	公開が原則	非公開	非公開
判断に法的拘束力はあるか	ある	ある	ない

国際間の取引では，紛争解決方法として仲裁が選択されることが多いですが，必ずしも仲裁がベストというわけではなく，場合によっては仲裁を選ぶべきではないこともあります。このあたりは専門書を見る，専門家に相談して決めることをお勧めします。

⑷⑹ ◆ 抵触法（conflict of laws）

国際間の取引に対してどの国の法律を適用するかを定めた法律です。「国際私法」とも呼ばれます。日本のみならず，多くの国が独自の抵触法を有しています。例えば，日本の企業と米国の企業が売買契約を締結したとします。その契約の準拠法が日本法だったとします。ここで，日本の抵触法も日本の法律であるという理由で日本の抵触法に従った結果，この契約には相手国企業の所在する米国のある州法が適用されるという結論になったとしたらでどうしょうか。これは準拠法を日本法と定めた契約当事者間の意思に反するものであるは

ずです。そこで，このような不都合が生じないように，準拠法を定める条文には，下の例文のように「準拠法は日本法である（**抵触法を除く**）。」と定められることがあります。このように，「抵触法を除く」とあえて定めなくても，おそらく，抵触法が適用されることにはならないと思われますが，念のために定めることがよく行われています。

This Agreement is governed by and construed in accordance with the laws of Japan without reference to principles of conflict of laws.

本契約は**抵触法にかかわらず**，日本法に従って解釈される。

⑷⑺◆口頭証拠排除の準則と完全合意条項

口頭証拠排除の準則とは，英米法上のルールで，「当事者間の**最終的な合意は**，その前に交わされた口頭または書面などによる事前の合意にとって代わる」というものです。例えば，売買契約が締結され，それが当事者間の**最終的な合意**であると認められる場合には，その売買契約締結前に当事者間でどのような合意が別途なされていたとしても，その別途の合意は売買契約を解釈する際には考慮されず，売買契約書のみを見て判断されることになります。

ここで，その売買契約が当事者間の**最終的な合意**であることを裁判官や仲裁人がわかるように，その売買契約の中に，「この契約書は，我々当事者間の**完全な合意である**」と記載した条項を「完全合意条項」と呼びます。

つまり，一般条項の完全合意条項は，英米法上のルールである口頭証拠排除の準則が適用されるために定める条項なのです。

⑷⑻◆amend/modify/change/vary

この4つはすべて「を変える」という意味を持ちます。しかし，英文契約書では，amendとmodifyは，「契約の変更」を意味し，一方，changeとvaryはそれらと区別し，「仕様の変更」という意味で用いられることがあります（常にそうではありませんが）。「契約の変更」は，契約当事者間の合意がなければ有効となりません。一方，「仕様の変更」は，請負契約において，発注者が請負者に仕様の変更を求めれば，請負者は原則としてその求めを断ることはできず，

発注者の要求どおりに仕様を変更しなければならなくなると契約に定められて
いることが多いです。そして請負者は，発注者から求められた仕様の変更を行
うことによって生じる追加費用をもらえるし，また，納期も延長される仕組み
となっていることが通常です。ちなみに，「仕様の変更」を表す際に，米国で
はchangeが，英国ではvaryがよく用いられているようです。

⑷ ◆ 支払不能・破産・解散・清算

「債務超過」とは，債務者が，その債務につき，その財産をもって完済する
ことができない状態，つまり，債務額の総計が資産額の総計を超過している客
観的状態にあることです。

「支払不能」（insolvent）とは，債務者が支払能力を欠くために，その債務の
うち弁済期にあるものについて，一般的かつ継続的に弁済をすることができな
い客観的状態にあることです。

上記の「債務超過」または「支払不能」に該当する場合には，「破産」手続
開始決定を受けることになります。

「破産」（bankruptcy）手続開始決定を受けると，債務者の財産を処分する
権限が，選任された破産管財人（receiver）に移ります。また，破産手続開始
決定を受けると，「解散」（dissolution）することになります。「解散」とは，
権利主体たる法人格を消滅させる手続をいいます。そして，債権の回収，債務
の弁済，株主への残余財産の分配など，法律関係の後始末をする「清算」
（liquidation）手続に入ります。清算が完了したら，会社の法人格が完全に消
滅することになります。

⑸ ◆ Bribery Act 2010

イギリス賄賂防止法のことです。この法律によると，違法行為が英国内で行
われた場合のみならず，英国において一定の事業を行う日本企業が子会社を
もっていて，その子会社が英国外の国で贈賄を行った場合にも，日本企業が罪
に問われる可能性があります。このとき，その日本企業が贈賄行為を防止する
ために適切なコンプライアンス措置（Adequate Procedures（適切な手続））

を講じていたと認められないと処罰されるリスクが高いとされています。また，通常，贈賄は民間から公務員に対するものですが，この法律の下では，民間企業同士の取引も贈賄となる点に注意が必要です。

⑸◆ コンソーシアム（consortium）

　共同企業体のことです。例えば，請負契約で，異なる２つの企業ＡとＢがコンソーシアムメンバーとして請負人，企業Ｃが発注者になったとします。ＡとＢはコンソーシアム契約を締結し，それぞれいかなる仕事をするかをそのコンソーシアム契約の中で合意します。発注者Ｃと請負契約を締結するのは，ＡとＢの共同企業体＝コンソーシアムとなります。このような契約形態をとった場合，ＡとＢはＣに対して**連帯責任**を負います。例を挙げると，次のようになります。

　請負契約締結後にＢが義務の履行が不可能になった場合，ＡがＢの分も履行しなければならなくなります。ここで，Ａは「Ｂの分は自分たちの所掌ではない」とＣに対して主張することはできません。ＡはＣに対してＢの分も含めてコンソーシアムとして義務を履行し，その後，Ｂの所掌部分を代わりに行うことで生じた費用をＢに対して請求することになります。

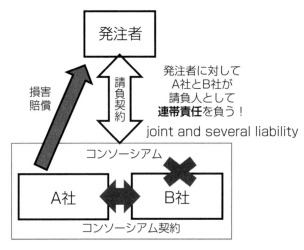

�52 ◆ コモンロー（common law）とエクイティ（equity）

　イギリスの民事法においては，かつて２種類の裁判所がありました。１つは王立裁判所＝コモンローの裁判所で，もう１つは大法官の裁判所＝エクイティの裁判所です。エクイティの裁判所は，コモンローの裁判所を補完する機能を与えられていました。そしてこの２つの裁判所は，契約違反が生じたときに，違反された当事者に対して異なる救済方法を与えていました。コモンローの裁判所は「損害賠償」を，エクイティの裁判所は「差止命令」や「特定履行（特定の行為を強制的にとらせること）」を与えていました。今はこの２つの裁判所は１つに統合されていますが，上記の歴史的な背景から，英米法を準拠法とする契約書中で，「契約に違反された当事者が保有する**すべての救済**」を表す際には，コモンロー上の救済とエクイティ上の救済の両方を指すことを明示することがときどきあります。例えば，下のような条文がそうです。なお，コモンローは，common lawと表記される他に，at lawと表記されることもあります。

　The Purchaser may terminate this Agreement in addition to any other remedy the Purchaser has at <u>law or in equity</u>.

　<u>（コモンロー上またはエクイティ（衡平法）上保有する他の救済に加え，買主は，本契約を解除できる。）</u>

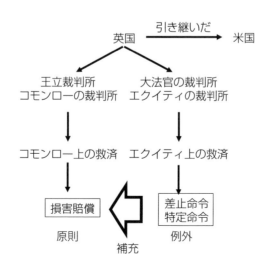

上記のような場面以外で，契約書中でコモンローやエクイティが登場することはほとんどありません。

　ちなみに，equityは，上記の「衡平法」以外に，「株式」や「自己資本」を表す際に用いられることがありますが，これは上記のコモンローとの対比でのエクイティとは関係ありません。

索　引

※数字は，英単語・英熟語の掲載No.です。

【著者紹介】

本郷貴裕（ほんごう・たかひろ）

本郷塾代表。

英文契約の個別指導・社内研修講師。資格スクエア英文契約書講座講師。

東北大学工学部機械知能学科卒業。一橋大学大学院法学研究科修士課程修了。

株式会社東芝で企業法務として海外に発電所を建設するプロジェクト，国際仲裁案件，海外企業買収案件等多数の海外案件に携わる。

その後独立し，海外案件で活躍する日本人を育成したいと思い，英文契約，特に海外でプラント・インフラ・その他の建設契約のチェックの仕方について指導する本郷塾を立ち上げる。

これまで重電メーカー，重工メーカー，プラントエンジニアリング企業，建設会社，および総合電機等の営業・技術・法務部門を対象に個別指導・社内研修・オンラインセミナーを実施。

著書に以下がある。

・『はじめてでも読みこなせる英文契約書』（明日香出版）
・『英文EPC契約の実務』（中央経済社）
・『「重要英単語と例文」で英文契約書の読み書きができる』（中央経済社）
・『頻出25パターンで英文契約書の修正スキルが身につく』（中央経済社）
・『EPC契約の請求実務がわかる本』（中央経済社）

本郷塾ホームページ http://eln-taka.com/

1 日15分で習得
契約類型別英単語1100

2023年12月25日　第1版第1刷発行

著　者　本　郷　貴　裕

発行者　山　本　　　継

発行所　㈱中　央　経　済　社

発売元　㈱中央経済グループ
　　　　パ ブ リ ッ シ ン グ

〒101-0051　東京都千代田区神田神保町1-35
電　話　03（3293）3371（編集代表）
　　　　03（3293）3381（営業代表）
https://www.chuokeizai.co.jp
印刷／三英グラフィック・アーツ㈱
製本／侑井 上 製 本 所

© 2023
Printed in Japan

"重要英単語と例文"で

英文契約書の読み書きができる

本郷貴裕 [著]　Ａ５判／316頁

初学者が英単語の穴埋め、英文の並べ替え練習をとおして、英文契約の重要事項を身につけることができる１冊。

【本書の構成】

中央経済社

頻出25パターンで

英文契約書の修正スキルが身につく

本郷貴裕 [著]　　Ａ５判／244頁

　英文契約書の修正スキルを効率よくマスターするために、頻出の25パターンを学ぶ。パターンによる修正技術を駆使してリライト練習することで、そつなく業務をこなせる。

【本書の内容】

第Ⅰ章　権利・義務・責任・保証を追記する方法

第Ⅱ章　義務・責任を制限する・除く・緩和する方法

第Ⅲ章　不明確な文言を明確にする方法

第Ⅳ章　使いこなすのが難しい表現

第Ⅴ章　リライトの練習

第Ⅵ章　修正契約

中央経済社

英文EPC契約の実務

プラント，インフラ，機器供給契約

本郷貴裕 [著]　　A５判／460頁

　英文EPC契約に盛り込むべき条項例を丁寧に解説した１冊。海外向けプラント建設、機器供給契約の内容チェック・交渉、納期延長や追加費用に関する適切なクレーム対応などに役立つ。

【本書の内容】

第１章　EPC 契約の基礎

第２章　英文契約の頻出表現と
　　　　条文の「型」

第３章　EPC 案件における巨額損失
　　　　事例の原因と対策

第４章　契約上の手当およびその運用
　　　　上の注意点

第５章　下請との契約上の注意点

第６章　プラント用機器供給契約に
　　　　おける注意点

中央経済社